悦·读人生

On Hume

休谟

[美] 伊丽莎白·S. 拉德克利夫（Elizabeth S. Radcliffe）◎著

胡自信◎译

清华大学出版社

北京

北京市版权局著作权合同登记号 图字01-2018-1974号

On Hume
Elizabeth S. Radcliffe

图书在版编目（CIP）数据

休谟 /（美）伊丽莎白·S. 拉德克利夫著；胡自信译. —北京：清华大学出版社，2019（2023.2重印）
（悦·读人生）
书名原文：On Hume
ISBN 978-7-302-52563-9

Ⅰ. ①休… Ⅱ. ①伊… ②胡… Ⅲ. ①休谟（Hume, David 1711-1776）—哲学思想—思想评论
Ⅳ. ① B561.291

中国版本图书馆 CIP 数据核字（2019）第 046521 号

责任编辑：刘志彬
封面设计：李召霞
责任校对：王荣静
责任印制：刘海龙

出版发行：清华大学出版社
　　　　　http://www.tup.com.cn
　　　　　社　总　机：010-83470000
　　　　　投稿与读者服务：010-62776969，c-service@tup.tsinghua.edu.cn
　　　　　质量反馈：010-62772015，zhiliang@tup.tsinghua.edu.cn
地　　址：北京清华大学学研大厦 A 座
邮　　编：100084
邮　　购：010-62786544
印　装　者：三河市铭诚印务有限公司
经　　销：全国新华书店
开　　本：148mm×210mm　　印　张：5.5　　字　数：101 千字
版　　次：2019 年 5 月第 1 版　　印　次：2023 年 2 月第 2 次印刷
定　　价：35.00 元

产品编号：077088-01

休 谟

大卫·休谟（David Hume，1711—1776），英国哲学家，与洛克、贝克莱被并称为英国近代三大经验主义哲学家。出生于苏格兰，12岁入爱丁堡大学就读，短暂从商后曾担任家庭教师、秘书、副国务卿，晚年回到爱丁堡定居。在英国启蒙运动时期度过了探索观念的一生。著有《人性论》《人类理解研究》等。

休谟以经验为依据，研究人性和人性的三个方面——理解、情感和道德。他还提出了康德所称的"休谟问题"，主要是指因果问题和归纳问题。他反驳了"因果关系"具有真实性和必然性的理论，认为我们只能够相信那些依据我们观察所得到的知识。他还主张为了避免被任何我们所不知道的实际真相或在我们过去经验中不曾察觉的事实所影响，我们必须使用归纳思考。

休谟对罗素、波普等影响很大。

内容简介

　　本书首先简要介绍了休谟的生平，让我们了解其思想形成和发展的脉络，然后对其关于"因果关系""情感心理学""物质世界与自我信念""道德实践"和"宗教信念"等方面的思想进行深入阐述，以让我们把握其富有启发性和包蕴性的思想。

总序

　　贺麟先生在抗战时期写道："西洋哲学之传播到中国来，实在太晚！中国哲学界缺乏先知先觉人士及早认识西洋哲学的真面目，批评地介绍到中国来，这使得中国的学术文化实在吃亏不小。"[①] 贺麟先生主持的"西洋哲学名著翻译委员会"大力引进西方哲学，解放后商务印书馆出版的《汉译世界学术名著》的"哲学"和"政治学"系列以翻译引进西方哲学名著为主。20 世纪 80 年代以来，三联书店、上海译文出版社、华夏出版社等大力翻译出版现代西方哲学著作，这些译著改变了中国学者对西方哲

---

① 贺麟. 当代中国哲学. 上海：上海书店，1945：26.

学知之甚少的局面。但也造成新的问题：西方哲学的译著即使被译为汉语，初学者也难以理解，或难以接受。王国维先生当年发现西方哲学中"可爱者不可信，可信者不可爱"，不少读者至今仍有这样体会。比如，有读者在网上说："对于研究者来说，原著和已经成为经典的研究性著作应是最该着力的地方。但哲学也需要普及，这样的哲学普及著作对于像我这样的哲学爱好者和初学者都很有意义，起码可以避免误解，尤其是那种自以为是的误解。只是这样的书还太少，尤其是国内著作。"这些话表达出读者的迫切需求。

为了克服西方哲学的研究和普及之间的隔阂，清华大学出版社引进翻译了国际著名教育出版巨头圣智学习集团的"华兹华斯哲学家丛书"（Wadsworth Philosophers）。"华兹华斯"是高等教育教科书的系列丛书，门类齐全，"哲学家丛书"是"人文社会科学类"中"哲学系列"的一种，现已出版88本。这套丛书集学术性与普及性于一体，每本书作者都是研究其所论述的哲学家的著名学者，发表过专业性很强的学术著作和论文，他们在为本丛书撰稿时以普及和入门为目的，用概要方式介绍哲学家主要思想，要言不烦，而又不泛泛而谈。因此这套书特点和要点突出，文字简明通俗，同时不失学术性，或评论哲学家的是非得失，或介绍哲学界的争议，每本书后还附有该哲学家著作和重要第二手研究著作的书目，供有兴趣读者作继续阅读之用。由于这些优点，这套丛书在国外是不可多得的哲学畅销书，不但是哲学教科书，而且是很多哲学业余爱好者的必读书。

"华兹华斯哲学家丛书"所介绍的，包括耶稣、佛陀等宗教创始人，沃斯通克拉夫特、艾茵·兰德等文学家，还包括老子、庄子等中国思想家。清华大学出版社从中精选出中国人亟须了解的主要西方哲学家，以及陀思妥耶夫斯基、梭罗和加缪等富有哲思的文学家和思想家，以飨读者。清华大学出版社非常重视哲学领域，引进出版的《大问题：简明哲学导论》等重磅图书奠定了在哲学领域的市场地位。这次引进翻译这套西文丛书，更会强化这一地位。现在越来越多的人认识到，在思想文化频繁交流的全球化时代，没有基本的西学知识，也不能真正懂得中华文化传统的精华，读一些西方哲学的书是青年学子的必修课，而且成为各种职业人继续教育的新时尚。清华大学出版社的出版物对弘扬祖国优秀文化传统和引领时代风尚起到积极推动作用，值得赞扬和支持。

张世英先生担任这套译丛的主编，他老当益壮，精神矍铄，认真负责地选译者，审译稿。张先生是我崇敬的前辈，多年聆听他的教导，这次与他的合作，更使我受益良多。这套丛书的各位译者都是学有专攻的知名学者或后起之秀，他们以深厚的学养和翻译经验为基础，翻译信实可靠，保持了原书详略得当、可读性强的特点。

本丛书共 44 册，之前在中华书局出版过，得到读者好评。

我看到这样一些网评:"简明、流畅、通俗、易懂,即使你没有系统学过哲学,也能读懂";"本书的脉络非常清晰,是一本通俗的入门书";"集文化普及和学术研究为一体";"要在一百来页中介绍清楚他的整个哲学体系,也只能是一种概述。但对于普通读者来说,这种概述很有意义,简单清晰的描述往往能解决很多阅读原著过程中出现的误解和迷惑'";等等。

这些评论让我感到欣慰,因为我深知哲学的普及读物比专业论著更难写。我在中学学几何时曾总结出这样的学习经验:不要满足于找到一道题的证明,而要找出步骤最少的证明,这才是最难、最有趣的智力训练。想不到学习哲学多年后也有了类似的学习经验:由简入繁易、化繁为简难。单从这一点看,柏拉图学园门楣上的题词"不懂几何者莫入此门"所言不虚。我先后撰写过十几本书,最厚的有八九十万字,但影响最大的只是两本30余万字的教科书。我主编过七八本书,最厚的有100多万字,但影响最大的是这套丛书中多种10万字左右的小册子。现在学术界以研究专著为学问,以随笔感想为时尚。我的理想是写学术性、有个性的教科书,用简明的思想、流畅的文字化解西方哲学著作烦琐晦涩的思想,同时保持其细致缜密的辨析和论证。为此,我最近提出了"中国大众的西方哲学"的主张。我自知"中国大众的西方哲学,现在还不是现实,而是一个实践的目标。本人实践的第一步是要用中文把现代西方哲学的一些片段和观点讲得清楚明白"①。欣闻清华大学出版社要修订再版这套译丛，每本书都是讲得清楚明白的思想家的深奥哲理。我相信这套丛书将更广泛地传播中国大众的西方哲学，使西方哲学融合在中国当代思想之中。

赵敦华

2019 年 4 月

---

① 详见赵敦华. 中国大众的现代西方哲学. 新华文摘，2013（17）：40.

序 | Preface

本书的引文均根据休谟的以下著作，用缩写方式标出。不使用脚注。书中引文标明有关版本的页码。

T *A Treatise of Human Nature*（《人性论》），ed. by L.A.Selby-Bigge，2nd ed. revised by P.H.Nidditch（Oxford University Press，1978）.

EHU *An Enquiry Concerning Human Understanding*（《人类理解研究》），ed. by L.A.Selby-Bigge，3rd ed. revised by P.H.Nidditch（Oxford University Press，1975）.［"The first *Enquiry*"（第一《研究》）］

EPM *An Enquiry Concerning the*

Principles of Morals(《道德原理研究》),ed.by L.A.Selby-Bigge,
3rd ed.revised by P.H.Nidditch（Oxford University Press，
1975）.［"The second *Enquiry*"（第二《研究》）］

DNR *Dialogues Concerning Natural Religion*（《自然宗教
对话录》），ed. by Richard H.Popkin（Hackett Publishing，1980）.

在第一章和第二章里，对休谟的观念论及其因果关系的
分析，是出自于《人类理解研究》和《人性论》。读者也许
会注意到，第三章对《人类理解研究》的引述突然消失了，
这是因为休谟在那本书里有意未涉及讨论世界和自我这样一
些难题。关于情感和道德的讨论，即本书的第四章和第五章，
主要是根据《人性论》（有几处引述了第二《研究》）展开的。
最后一章根据《自然宗教对话录》和第一《研究》讨论了宗
教。遗憾的是，限于篇幅，我无法就不同问题阐明自己对休
谟的理解，也无法借鉴当代的许多优秀研究成果。我只希望，
在研究我喜爱的哲学家所提出的那些重要问题时，我的阐述
能起到抛砖引玉的作用。肯耐斯·温克勒对本书前三章提出
过不少建议，里克·麦克卡蒂不止一次地审阅本文的初稿，
在此谨致谢忱。

目录 | Contents

1

On Hume —————— **奠定哲学大师地位的
观念论**

大卫·休谟，英国启蒙运动时期的思想家，在生命的最后几个月曾致函其出版商，传记作家 E.C.摩斯纳曾引述了其中的一句话："我记得有这样一位作者，他说，人生的一半过于短暂，不足以完成一部著作，而另一半同样不足以完成修改的任务。"①直到生命的最后时刻，休谟还在修改他最满意的一部著作《自然宗教对话录》。他知道，该著身后的出版将引起赞美者和批评者的不同关注。休谟无疑是英国经验主义和科学自然主义传统——这个传统强调观察和归纳比形而上学思辨更重要——中最有影响力的哲学家。就他的时代而言，他的观点比较激进。他竭力把这些观点介绍给受过教育的公众。

当代哲学家仍在密切关注休谟的理论。他的理论已在认识论、伦理学和宗教哲学中产生了深远的影响。

探索观念的一生

在休谟的生活方式和他的思想内容之间，存在一种显而易见的契合。他的道德观强调同情心、"人类的情感"，以及对自我和他人有用且有益的那些特征。休谟本人被描述为一个既善良又和蔼可亲的人。尽管他也经历了著书立说人在生活中的那些不幸遭遇——最优秀的作品被人忽视，自己的思想却贻人口实，无法在大学谋得一个职位——但是，他一直保持着镇定平和的心境。有人说，他的思想已超越了宗教信仰。[②]在他弥留之际，詹姆斯·博斯韦尔来了，他希望休谟能够坦白地说，自己在内心深处渴望一种来世生活。这时，休谟神态自若，保持着自己的理智和尊严。他忠于自己以前的主张，只是说，无论这样的念头——能够再次见到他的朋友们——多么令人愉快，他都没有任何理由相信这种事情可能发生。他也清楚地知道，哲学与日常生活不时发生冲突，因此在其著述中他表述了摆脱书斋的晦涩思辨，投身日常社会事务的必要性。读者们都喜欢引述他的这一劝告："做一个哲学家吧。但是，在任何哲学中，你仍然要做一个人。（EHU 9）"

早年生活

1711 年 4 月 26 日，大卫·休谟出生于苏格兰的爱丁堡。父亲约瑟夫·霍姆是一位律师，母亲叫凯瑟琳·福克纳。（大卫后来更改了自己姓氏的拼写，以便适合这个词的发音。）在南维斯祖传的家族庄园，大卫家虽然不十分富有，但大卫和哥哥、姐姐却度过了快乐的童年生活。三个孩子都是由母亲辛劳地抚养成人，因为早在 1713 年，他们的父亲就撒手人寰，把三个孩子留给了母亲。休谟自己说，他很早就对文学产生了"酷爱"。③尽管还是个孩子，他却以非常严肃的态度对待宗教。他从 18 世纪的祈祷书《人的全部义务》中摘录了许多罪恶的条款，用以反省。他摘录的内容包括："不安排任何神圣的时间认真忏悔，""把快乐而不是健康作为吃饭的目的，"以及"为取悦他人花费时间或财物。"④

人们以为大卫会成为一名律师，然而他并没有继承父亲的事业。休谟在 11 岁或 12 岁时，在爱丁堡大学开始了为期四年的正规学习。随后，他做了几年独立的研究工作。因此，他很早就专注于哲学事业了。在这段阅读、学习期间，他钻研过法律、文学和哲学。他写道："法律，作为我以前打算从事的一种职业，在我看来令人作呕。在这个世界上，除了做学者和哲学家，我再想不出别的途径可以提升我的声誉。"⑤伴随着这种独立反思，休谟系统地阐述了日后使他名声大振的经验主义观点。与此同时，他患了缠绵不去的抑郁症。医生诊断说，他患的是"学者病"。开出的药方是：抗歇斯底里丸，苦啤酒，日服法国波尔多产红葡萄酒一品脱，锻炼。但是，休谟很清楚，他和别的思想家一样都在经受折磨，他们由于不懈地严肃沉思人性及其状况而心力交瘁。1734年，即与病魔搏斗了四年之后，休谟的身体终于开始康复。于是，他去了法国，希望在乡间寻找一个宁静的住所。他在拉弗莱什（La Fleche）住下，因此可以经常光顾那里的耶稣会学院。著名的法国哲学家笛卡尔曾经在这里学习。23岁时，他就在此地完成了自己最重要的著作《人性论》的大部分。

著述和中年生活

《人性论》分三卷。第一卷"论理解"和第二卷"论情感"均发表于1739年。第三卷"论道德"于1940年出版。《人性论》的社会反响着实令人沮丧。休谟说："它是印刷机产下的一个死婴。"⑥其实，有些人真的读过这部书，只是经常产生误解。虽然书的销路不畅，但是性情温和的休谟很快走出了失望的阴影。1742年，他又推出两卷论文集，题为《道德与政治论文集》。这部文集体现了《人性论》的哲学精神，它的出版引起了轰动。

两年后，休谟申请虚位以待的爱丁堡大学伦理学与精神哲学教授席位。以前湮没无闻的《人性论》的思想，现在已经广为人知。休谟被看作怀疑论者、无神论者和人本主义者。他认为，我们对心灵以外的世界一无所知；宗教信仰没有根据；道德的基础是人类的情感，而不是上帝的律法。舆论和大多数教授都反对聘用休谟。弗朗西斯·哈奇森从 1729 年到 1746 年去世前，一直占据格拉斯哥大学道德哲学教授席位。他是休谟的朋友，与休谟保持着通信联系。连他都反对休谟出任这个职位。哈奇森本人显然是一个才华横溢的演讲者。据说，他能使学生"从善如流"，他"渴望成为他们关注的焦点"。⑦具有讽刺意味的是，市政厅选择哈奇森，而不是休谟，出任爱丁堡大学的教授席位。但是，哈奇森拒绝了。大卫·休谟从未担任过任何大学的教授席位。

随后几年，休谟更换了好几个工作。他做过华而不实、反复无常的阿南戴尔侯爵的私人教师，还做过圣克莱尔将军的秘书。圣克莱尔将军是休谟的远亲，曾策划过一次入侵法属加拿大的行动，但最终未得手。此间，休谟修改了他那默默无闻的《人性论》第一卷。他认为，修改后的表述方式更能适应读者的需求。他那部影响深远的《人类理解研究》出版于 1748 年。《人性论》第三卷的改写本，即《道德原理研究》，出版于 1751 年。1752—1765 年间，休谟当选爱丁堡哲学学会主席，却未能获得格拉斯哥大学逻辑学教授席位。他担任了爱丁堡律师协会的图书馆馆员。1754—1762 年间，他出版了六卷本的《英国史》。他试图在第一卷中保持政治中立。书稿出版后，社会反应冷淡。休谟对自己极度失望的心情作了如下描述：

> 我认为，我是唯一的历史学家，因为我把现世的权力、利益、权威和公众偏见的呼喊全然置之度外。既然我的论题适合普通人阅读，所以，我希望获得相应的欢呼。可是，我沮丧的心情是多么沉重啊！谴责、非难甚至憎恶的声浪滚滚而来……
>
> 我承认……我已经心灰意冷。碰巧这个时候，英法开战。否则，我肯定会躲到英国的某个偏僻小镇，更名改姓，永不重返自己的故乡。⑧

《英国史》的其他几卷出版以后，社会反响也是毁誉参半。但是，休谟已经懂得应该如何对待这种浮躁的批评：置之不理。他的研究工作终于为他赢得经济上的回报。没出十年，《英国史》已经变得遐迩闻名。50 岁时，他决定留在苏格兰从事文学和哲学研究。但是，在 1763 年，他被任命为驻巴黎大使馆的秘书。直到 1766 年，陪伴英国大使，休谟处处受到热情款待。此间，他爱上了博乐夫人，一个有夫之妇。她爱恋的却不是大卫，而是一位王子。但休谟一直对她痴情不改。甚至在他不久于人世的时候，还写给她一篇简短的悼词，对她热爱的孔德王子的逝世表示慰唁。

大约在 1755 年，休谟写成"论自杀"和"论灵魂不死"两篇文章。它们和其他三篇文章一起，共同组成一本名为《五篇论文》的文集出版发行。这部文集先行印制的几本，在有影响力的读者那里引起消极反响。于是，休谟和他的出版商决定，从已经印制的文集中删去上述两篇文章，取而代之的是一篇题为"论趣味的标准"的文章。后来，这部文集以《四篇论文》为题，于1757年出版。该文集辑录了"自然宗教史"一文，追溯宗教信仰的心理起源。被删去的两篇文章以匿名的方式用法语在1770年秘密出版。休谟去世后又于1777年用英语出版。⑨

休谟打算闭门谢客，潜心写作。但是，他的计划又一次被一个简直无法拒绝的委任打断了。1767年，休谟应邀赴伦敦任副国务卿。对他来说，这不是一个十分惬意的职位，因为他同情北美殖民地。他写道："原则上我是美国人。希望他们获得自治，不管这种自治的结果是好或是坏，只要他们认为是合理的，我们就任其自主。"⑩直到1769年，他才卸任，回到爱丁堡。他在爱丁堡的圣安德鲁斯广场盖了一座房子。美国人本·富兰克林就是光临这所房子最早的客人之一。

晚年生活与身后的论争

大约从1772年开始，休谟的健康逐步恶化。他十分关心自己去世以后《自然宗教对话录》的出版问题。20年前，他就写成了这本书。直到生命的最后几个月，他还在修改这部著作。休谟求助于他的好友——《国富论》的作者亚当·斯密，请他在自己去世之后，一定促成该书的出版。鉴于该书的"煽动性"，即主张宗教信仰毫无理性依据，斯密犹豫了。休谟担心，他的著作可能无法问世，于是决定送几册副本给他的一位出版商，以及他的侄子大卫。

休谟很可能死于癌症。1776 年 7 月 4 日，休谟举行晚宴，与朋友们告别。碰巧也是在这一天，美国《独立宣言》在费城签署。休谟的传记作家说，和他的大多数朋友不同，在即将告别人世的前几天，这个消息如能传到爱丁堡，他一定会欢欣鼓舞⑪。休谟却安之若素，直到生命的尽头。他说，一想到不久于人世与想到他根本不存在都一样令人沮丧，但两者之间并无区别。1776 年 8 月 25 日，休谟与世长辞。

即使死后，大卫·休谟也让认识他的人和普通百姓惊愕不已。很可能是内疚于《对话录》出版问题上的暧昧态度，亚当·斯密撰文纪念休谟。1777 年，苏格兰的一家杂志发表了这篇文章，同时发表的还有休谟的简短自传《我的一生》。斯密遭到虔诚信徒的严厉申斥，休谟对上帝和死亡的公然蔑视使他们怒不可遏。詹姆斯·博斯韦尔，这位曾与休谟讨论来世生活的信徒，一直对他们的谈话耿耿于怀。在为休谟举行葬礼的那一天，他亲临墓地，先是朝挖好的墓穴瞥了几眼，然后躲到一堵墙的后面，徘徊良久。他对休谟表现出极大的愤慨。直到1784 年，他梦想着弄到休谟的日记。博斯韦尔的激愤情绪终于在他梦想的"发现"中获得抚慰。这一"发现"表明，休谟在内心深处是信奉宗教的，是虔诚的 [12]。

1779 年，休谟的侄子负责出版了《自然宗教对话录》。1783 年，被查禁的那两篇文章也以休谟的名义发表。与这两篇文章一道发表的，还有它们 1783 年版时那位匿名编辑所写的按语，以及卢梭的《新爱洛绮丝》关于自杀问题的讨论摘要。在扉页上写着：

○ "论自杀"和"论灵魂不朽"两篇文章，作者是已故的大卫·休谟先生。这是首次发表。编者按旨在为这些文章所含毒素提供解药。同时刊载的，还有选自卢梭的《新爱洛绮丝》中两封论自杀的信。[13]

在休谟的亲朋好友中，很少有人认识到他留给哲学界的是怎样的一份遗产。

观　念　论

休谟的《人性论》旨在用最新的科学方法，以经验为依据，研究人的本性。在《人性论》的导言，以及休谟作为一则广告而发表的有关这部著作的摘要中，他把自己的研究与他同时代人的研究相提并论，因为他们都把 17 世纪自然哲学家弗朗西斯·培根的方法运用到"关于人的科学中"。⑭ 在现代科学方法的演化过程中，培根是一个关键人物。因为在研究自然现象时，他把观察和推理很好地结合起来，并且认识到，由于社会和个人的偏见，谬误推论是可能发生的。休谟感兴趣的就是这样一种经验的、客观的、理性的研究，但他仅将这种研究方式运用于人性的三个方面——理解、情感和道德。

与他认可的那些先辈的理论相比，休谟的研究无论就范围，还是就严密性而言，都是独一无二的。例如，约翰·洛克就观念的起源提出一种经验主义理论，他认为，这个理论是全部知识的基础。可是，他没有深刻而系统地分析研究情感，对我们关于外部世界的知识的论述，有时也缺乏严密性。另一方面，弗朗西斯·哈奇森虽然分析了情感和"道德感"，但是他增加的解释原则却失去了可信的基础。休谟哲学是关于心灵的综合哲学。他的目的是根据尽可能少的几条原则，明确地指出什么是道德，道德判断和道德行为的主体能够知道什么是道德并怎样使他们采取行动。为了探讨这些问题，休谟首先研究心灵的内容，因为人类认识的任何事物，他们做出的任何事情，最终都必须以心灵活动为基础。我们拥有的任何确定性，都建立在我们身边随时直接感知的经验之上。我们产生的任何动机都以这些心灵状态为基础，它们是推动我们行动的力量。

印象与观念

休谟把心灵的所有内容都称为"知觉"。《人性论》开宗明义地说，

> 人类心灵中的所有知觉，可以分为不同的两类，我称这两类知觉为印象和观念。它们的区别在于，当它们刺激心灵，进入我们的思想或意识中时，二者的强烈程度和生动程度互不相同。（T 1）

印象是我们所具有的生动而强烈的经验。当我们看、听、尝、闻、触或者感受到爱、骄傲、嫉妒、欲望一类情感时，我们就获得了经验。另一方面，观念是我们所具有的逼真性和生动性较弱的心灵状态。当我们回想原来的心灵状态时，就会产生这种较弱的心灵状态。例如，当我走过一个玫瑰园时，我对它的知觉，在程度上，就不同于我离开以后再回想起这个花园时所产生的那种心灵状态。休谟说，尽管优美的诗篇可以激发五彩缤纷的自然景色这个观念，但是，"最生动的思想仍然不及最迟钝的感觉"（EHU 17）。同样，坠入爱河与想到坠入爱河，感觉疼痛与想到感觉疼痛，对知觉主体来说是迥然不同的感觉。

休谟把关于颜色、滋味、气味、声音、纹理、快乐、痛苦等的知觉称作"感觉印象"。他把情感（或情绪）称作"反省

印象"，⑮因为当我们反省我们之所以快乐或痛苦的原因时，情感被激发起来。我愿意和你在一起，当我认识到这一点时，我对你的喜爱之情便油然而生。这种喜爱之情是一种印象，因为它具有强烈的经验性特征。我们必须注意，情感不是观念，虽然他们出现在反省之后。它们是生动而强烈的经验。当我们想到，某种物体能够产生快感或痛感时，这种经验就会出现。它们和关于快乐与痛苦的思想不同，思想是观念。研究休谟，就是要理解，他为什么单单根据心灵内容的现象性"感知"来区分这些内容，我们又是如何感知到它们的。休谟并没有把可能作为知觉原因的那些假想的心灵过程或外部对象，作为出发点。换言之，我们可以直接感知到的，是经验的属性，而不是产生经验的那种原因的属性，无论这种属性是心灵的，还是超心灵的。因此，正如经验主义的研究所要求的那样，要想以某种不是来自推论的东西为出发点，我们就必须从研究知觉开始。

根据休谟的理论，我对一个菠萝的经验是不是简单印象呢？印象可能是简单的，也可能是复杂的。菠萝的独特味道和黄澄澄的颜色，都是简单印象。但是，当这些印象和对菠萝的其他印象，比如纹理、气味等，结合起来之后，这个印象群就成为对菠萝产生的复杂印象。同样，观念可能是简单的，也可能是复杂的。因为我可以思考一个简单印象，比如菠萝的滋味，也可以思考这种水果本身，就是说，思考它的所有特征。休谟认为，所有的简单观念都可以追溯到先前的简单印象。假如漏掉某种具体印象，我就不可能理解与之对应的那个观念。休谟认为，这两种说法都以经验为依据。首先，他相信，不管用什么方法，我都不可能想到任何不是来自感觉或感情的观念；[16]其次，瞎子没有视觉正常的人所熟悉的那些颜色观念；失去味觉的人没有我们所熟知的那些气味观念。其他感觉，也莫不如此。所以，休谟的思想包含这样的观点：心灵内容决非先天的，或者说，心灵决非生而有之。

只要我们能正确地理解想象，使之受感觉材料的制约，就会产生想象观念的可能性。我可以想象一匹长翅膀的马，因为在过去某个时间我曾看见过一匹马，在另外一个时间我又看见过（鸟身上的）翅膀。但是，休谟认为，无须参照以前的心灵内容，人们就能构造一个原始观念，这是一种毫无意义的说法。因此，想象可以使简单观念从复杂观念中分离出来，以新的方式加以组合。

有些读者认为，休谟的理论可以称为观念的"图画论"，这种理论主张，每一种思想其实都是一幅心灵肖像或心灵图画。实际上，是休谟自己的语言造成了这种理解。例如，他自己说，观念"复制"印象，是印象的"肖像"。图画理论能够很好地解释颜色观念或形状观念是如何摹仿其原型的，因为这些观念都是视觉观念。我们还可以说，观念是印象的一幅模糊不清的心灵图画。可问题是，气味观念如何摹仿其原始经验？滋味观念如何复制其原始印象？我想到柠檬的酸味与我真正品尝到的这种滋味，其性质一样吗？一个是感觉，一个是观念，二者能"感觉"一样吗？我关于疼痛的思想，是疼痛的感觉减弱了的表现形式吗？看来，图画理论不能很好地解释这些感官所产生的观念。因此，这里起码出现了这样一个难题：如果休谟认为观念是印象的摹本，那么他必须说明这是如何可能的。

记忆与想象

记忆的反面是想象，感觉的反面是推理。那么，什么是记忆？许多哲学家都在思索心灵的功能——感觉、知觉、记忆、推理、想象、意志等等，他们以为，这些就是心灵的"能力"。"能力心理学"认为，心灵的"能力"是一些能动的力量和过程，它们的活动能产生观念、信仰、结论、记忆，等。根据这种观点，心灵是超越它自己的观念的某种东西。就是说，它包含不同的部分，这些部分可以被规定为不同的功能。因为没有更合适的术语，休谟有时也用"记忆力"或"想象力"这种说法。尽管如此，他却不同意能力心理学的观点。他力图克服前人的一些缺陷。他们在设定各种特有的功能后，为了心灵的过程获得解释，又用众多的内在动因最终构建记忆、推理、想象、意愿等心灵功能。⑰因此，休谟把记忆和想象分开，但不是按照心灵的过程，而是按照以下方式：

我们从经验中发现，当任何印象显现在我们心灵中的时候，它同时又作为观念而出现在那里。也就是说，印象可以通过两种不同的方式显现出来：一种方式是，在新的显现中，印象在相当大的程度仍然保持着它最初的生动性，是介于印象与观念之间的某种东西；另一种方式是，印象完全失去了这种生动性，成为纯粹的观念。以前一种方式再现我们的印象的能力，就是所谓的记忆；以后一种方式再现我们的印象的能力，就是所谓的想象。（T 8-9）

休谟指出，人们通常认为，记忆之所以区别于想象，是因为前者能够保存观念进入经验时的那种顺序；后者则不然。休谟认为，我们根本无法使用这一标准来区分记忆与想象，因为我们不能虚构过去的印象，将它们那种顺序比作我们现在的观念。思考过去印象的任何尝试，必然会促使我们把这些印象当作观念。换句话说，我们肯定已经知道，我们正在用正确的顺序回顾自己的经验，以便确定我们是否在用正确的方式回想自己的经验。因此，复杂观念的顺序或排列并不能告诉我们，它们究竟是记忆观念，还是想象观念（T 85）。

于是，休谟按照自己的观念论，开始讨论能够把记忆与想象分开的唯一标准：观念本身的强烈性和生动性。根据这种观点，（感觉与反省的）印象是最强烈的心灵状态，记忆观念次之；

想象观念又次之。当然，这种区分也存在一些问题，有的已经为休谟本人所承认，如记忆会逐渐消失，以至于我们无法断定我们是在回忆，还是在想象。同样，对想象出来的事情的思考，比如有一个撒谎成性的骗子，人们对他的谎言的描述，会随着重复次数的增多而变得更为生动，更为有力（T 85-86）。如果这个骗子开始相信自己的谎言，那么，这些谎言就必须由想象变为记忆。但是，我们要说，这是不可能的。此外，当代的一位评论家已经指出，某种记忆的突如其来的实现，会以一种比当时的印象更为强烈、更为生动的方式刺激心灵。比如一个调查人员正在检查一个犯罪现场，后来，当她回到办公室思考自己收集的所有证据时，突然想到一个对她调查取证具有重要意义的东西，而当时她并没有注意这个东西——壁炉左侧立着一把火钳。[18] 显然，她曾看到过这把火钳，可是当时它留给她的印象，并没有在她回来以后出现在她记忆中的印象那样强烈。看来，有的记忆比以前的印象更生动，这与休谟的观点正好相反。

这些问题是休谟观念论无法逾越的障碍吗？他认为不是，因为他已经指出了其中的几个问题（T 85-86）。我们还是看看休谟对自己的辩护吧。首先，记忆与想象的区别是一个带有普遍性的难题，与人们的哲学倾向无关。假如我们认为，记忆必然是事实的心灵摹本，我们就无法解释某人“记错了”或回忆错了这样一些事情。要解释错误记忆这种现象，我们就必须有一个关于记忆同一性的标准，一个内在于心灵状态的某个特征的尺度。于是，我们又遇到了休谟的问题。关于记忆的那个生动例证，实际上并不能说明休谟的理论值得怀疑。他可能会说，现场的观念与现场意义的观念不一样。休谟可能认为，那位调查人员得到的印象的经验，构成了壁炉左侧有一把火钳这幅图像。与此同时，这些印象本身也记录下了各种颜色、形状、纹理等经验的生动程度。这种现场思想后来以一定的强烈性刺激调查人员，于是她意识到先前未曾注意的一种含义。尽管如此，单就这种现场观念而言，如果拿它和她在那间房子里所形成的关于不同物体的印象进行比较，那么，它仍然是生动程度减弱了的一种经验。

观念的联结

休谟观察到，一种思想变成另一种思想，这种变化不是毫无规则的，而是遵循着可以认识的规律。物理学家能够提出物理学规律，用以描述自然的规律性。休谟就观念的联结也提出三条原则，这些原则能够描述心灵由一个观念向另一个观念运动的方式。他说，观念的联结方式包括类比、连续性或因果关系（T 11）。例如，我碰见你侄女，因为你与你侄女长得像，所以她的观念使我想起了你。我对你的观念，又转移到你最要好的朋友身上，因为两个观念——你和你的朋友——过去总是"连续地"出现在我心中，时间上很接近。从这个观念出发，我的思绪又转移到你朋友的儿子这个观念上，他和你的朋友用因果性联系起来，因为你朋友的是你朋友的儿子的因果性起源的组成部分。

休谟认为，这些原理能够解释我们如何获得复杂观念。复杂观念有三种：关系、实体和样态（T 13）。关系观念是一个观念与另外一个观念比较的结果。由此而产生的观念有同一性与矛盾性（同一性与区别性）、上与下、重与轻等；实体观念是我们关于对象的观念。我们拥有关于具体的颜色、滋味、声音、气味等简单印象，而用一个对象名词来指称这组复杂观念。例如，我们先后知觉到红色、圆形、甘甜、鲜艳、爽脆。如果我们希望把这些性质归属于一个共同原因，那么就称这种原因为"苹果"。我们之所以形成关于苹果的复杂观念，因为经验推动着我们，要求我们假设具有某些性质的一个对象的存在。这个对象能够解释，我们为什么经常体验到这些知觉总是在一起；样态观念，即休谟所谓的心灵的第三种复杂观念，是关于知觉的组合观念，我们并不为这些观念设想一个单独的对象作为它们的原因。休谟的例子是我们关于舞蹈和美的观念。比如，舞蹈观念就是由这样一些观念形成的：从一个地方运动到另一个地方，不同身体的运动，各不相同的姿态或动作。

抽象观念

休谟的心灵哲学，力图解释心灵能够产生的所有观念。我们似乎拥有普遍观念，它们不以任何具体经验为摹本。如果一切观念都来自以前的印象，那么，这些普遍观念又从何而来呢？我可以谈论狗的种类，也可以谈论普遍意义上的甘甜或红色，还可以谈论三角形的性质，但是，我根本不可能经验到一只普遍的狗。我只能经验到个别的狗，即有具体特征的狗——它们的耳朵要么是竖着的，要么是耷拉着的；尾巴要么是长的，要么是短的；个子要么是大的，要么是小的；毛发要么是卷的，要么是直的。其他种类的观念，概莫能外：我尝到或看到的，是这颗草莓的甘甜或红色；我所发现的，是这个不等边三角形的属性。所有经验主义者都必须面对的一个问题是，即使我们只能感受到具体观念，我们是否真的具有"抽象"观念？换言之，我们是否在使用这样一些普遍观念，任何其他观念都不能为这些观念提供意义？

约翰·洛克认为，虽然所有观念都来自经验，但是我们的心灵具有一种被称为"抽象"的能力，凭借这种能力，我们能够从具体观念得出抽象观念。他说，通过比较某些复杂观念，我们能够发现它们的共同点，然后抽象出这种共同性，于是就形成了抽象观念。例如，我可能注意到，我关于这颗草莓、这朵玫瑰、这只鸟的观念都包含着一个共同的观念，即红，于是，我就把它抽象为普遍的红的概念。抽象出不同种类的实体，则稍微复杂一些。我决定把这一组属性称作一只狗（如雷西），把另一组属性也称为一只狗（如罗夫），然后我就能抽象出普遍的狗的观念。抽象出狗、猴、牛、马等观念之后，我就能最后抽象出关于动物的更为普遍的观念。

但是，洛克之后的另一位经验主义者乔治·贝克莱提出不同的看法。既然经验总是具体的，那么观念也总是具体的，即使我们将它们附着在普遍观念之上。我们使用这些观念时，一个具体观念会使心灵联想到其他类似的具体观念，这就使我们可以用这些观念来表示某一类具体观念。休谟认为，贝克莱是正确的。他力图阐明，他自己的观念论是如何为贝克莱的观点提供证据的。

休谟提出的一个论据是，既然观念是印象的摹本，那么对后者来说是正确的论点，对前者来说肯定也是正确的。任何印象的产生都不可能没有确定的（具体的）质和量。换言之，我们可以举例说，印象恰恰是这种程度的绿或那种程度的热，那么所有观念也都是确定的。但是，抽象观念，假如它们存在，必然是不确定的。因此，不存在任何抽象观念（T 19）。休谟提出的另一个论据，以另外一条具有重要意义的经验主义原则为出发点：如果经验不同，它们在思想中就是可以区分的。如果它们在思想中是可以区分的，它们就是彼此独立的。反之亦然。独立性包含可区分性，可区分性包含差别性。这个结论来自以下事实：既然我们探讨的是心灵的内容，我们的对象是心灵的对象，那么，这些对象之间的界限就必须由我们的思考方式来决定。假如我们能在思想中将它们分开，那么它们显然是不同的。反之亦然。但是，我们能思考一个三角形，而不同时想到它的三个角吗？我们能想到狗，而不同时想到它的耳朵和尾巴吗？我们能设想一条直线，而不同时想到它的确切长度吗？休谟说，回答是否定的。这说明三角形的观念和它的三个角的观念，狗的观念和它的特征的观念，直线的观念和它的长度的观念，没有什么不同（T 18-19）。

如果休谟是对的，洛克就是错的，因为后者主张把共同性从不同的复杂观念中分离出来，我们就能由具体观念得出抽象观念。洛克描述的心灵的抽象过程可信吗？如果一个经验主义者有理由说心灵具有某些天赋能力，人们自然要问，他或她所设定的哪些能力是建立在证据之上的？可是，哪些证据可以证明我们真的能够思考这样一些观念，这些观念本质上不是具体观念？因为辩论双方都承认，我们都要使用普遍观念，少数事实证据并不能说明问题。从休谟的观点看，洛克为我们的抽象能力所作的辩护看来没有说服力，因为洛克一开始就论证一种心灵活动的存在，这种心灵活动能够使他得出其存在尚悬而未决的一些观念。但是，休谟要连贯地考察观念的本质（这是我们能够直接了解的唯一的东西），在此基础上我们才能解答心灵能够做什么的问题。

对休谟观念论的进一步探讨

到此为止，我们应当明白，休谟是如何以科学的方式来描述我们日常的心灵生活的。在这个过程中，他审查了观念的意义。语词的意义来自观念，当且仅当和一个语词相对应的那个观念的单纯组成部分可以追溯到简单印象时，这个语词才有意义。人们认为，经验已经为我们证明，没有不符合这个标准的观念。既然如此，我们为什么还要进行一次审查呢？休谟关心的是以前哲学家们所讨论的问题，他们试图通过制造理论概念来解决问题，却没有意识到这些概念根本没有经验基础。究竟应该批判哪些概念，后面将作出回答。有趣的是，休谟从日常经验中概括出一个标准，然后就把它作为哲学的试金石。这样，他就否定了哲学对形而上学或超自然概念——描述物理学和观察范围以外的东西的那些概念，来自理性或者理性直观的概念，以及天赋观念——的合法引用。

休谟对这个标准的应用，便是后面几章的主题。他的主要论点是，一切观念都来自以前的印象，他为此提出了多种论证。这里值得一提的是其中的一种方法。回想一下休谟提出的质疑，他要审查我们的观念，看能否发现一个无法追溯到一种印象的观念。他认为，我们找不出这样一个观念。事实如何呢？我所做的由观念追溯印象的任何尝试都必然失败，因为我所想到的以前印象的任何例证都是观念。印象仅仅发生于现在，转瞬即逝，它们绝不可能像原先那样强烈而生动地出现在我们心中。因此，在我们心中进行的对比必然是一个观念与另一个观念的比较，我永远无法证实一个观念以一个先在的印象为基础。休谟从未意识到这个问题。

为什么我们仍然会毫不犹豫地认为，休谟的实验是有意义的呢？当我们做这个实验时，假如我们的观念来自印象，我们就会记住一些本来可以作为观念之源的经验。看来，我们为自己证明的是，我们的观念与记忆有关：我知道柠檬是什么滋味（观念），我记得品尝柠檬时的情形（记忆）。就我能想起的任何观念而言，我都能发现"经验—记忆"这样一种结构。如果休谟认为，有这样一些特殊的观念连结，这些观念不可能被追溯到"经验—记忆"的结构中，那么，他肯定为我们指出了某物的状态或意义，即使他的论点——一切有意义的观念肯定能回溯到先前的印象——无法证实。如果我们假定某些观念来自经验，却没有对相关经验的任何记忆，那么，我们思考这些观念的方式肯定有问题。因此，休谟的审查是有道理的，不管他对这种审查的描述包含哪些问题。

思 考 题

1．根据休谟的理论，我们能否说观念实际上是印象的记忆？

2．休谟认为，一切有意义的观念必然能回溯到先前的印象。由于药物作用而产生的观念，是否违反了休谟的原则呢？

3．休谟将如何解释上帝观念在人们经验中的起源呢？

注释：

①　E.C.Mossner，*The Life of David Hume*（《大卫·休谟的一生》），

（Oxford：Clarendon Press，1980，2nd ed.），vii.除非另行标出，文中所引休谟传记，均参照此书。

② Mossner，51，64.

③ Hume，"My Own Life"（"我的一生"），载 Essays：Moral, *Political and Literary*（《道德、政治与文学论文集》），ed.Eugene Miller（Indianapolis：Liberty Classics，1985），xxxii-xli.

④ Richard Allenstreet，*The Whole Duty of Man*（《人的全部义务》），（London：printed by R.Norton for Robert Pawlet，1677），two parts in one.

⑤ *The Letters of David Hume*（《休谟书信集》），ed.J.Y.T.Grieg，2 vols.（Oxford，1932），Vol.I.，13.

⑥ Hume，"My Own Life"（"我的一生"）.

⑦ Paul Wood，"The Fittest man in the Kingdom：Thomas Reid and the Glasgow Chair of Moral Philosophy（英国最适合的人选：托马斯·里德与格拉斯哥道德哲学教席），" *Hume Studies*（《休谟研究》）XXIII（November 1997）：277-313.

⑧ Hume，"My Own Life"（"我的一生"）.

⑨ James Fieser，Introduction to "The Essays on Suicide and the Immortality of the Soul"（"论自杀与灵魂不死"）（1783 edition），*The Writings of David Hume*（《休谟文集》），ed. James Fieser（Internet Release，1995）.

⑩ *Letters of David Hume*（《休谟书信集》），Vol.II，303-306.

⑪ Mossner，596.

⑫ Mossner 引自 *Private Papers of James Boswell*（《博斯韦尔私人信函》），18 vols.，ed.Scott and Pottle（New York：1928-1934）.

⑬ Fieser.

⑭ 休谟提到的哲学家有约翰·洛克（《人类理解研究》，1689年）和弗朗西斯·哈奇森（Frances Hutcheson）［*Essay on the Nature of the Passions and Affections*（《论情感和倾向的本质》），以及 *Illustrations on the Moral Sense*（《道德感诠释》），1728；*An Inquiry into the Original of our Ideas of Beauty and Virtue;In Two Treatises*（《美的观点与善的观念探源》），1725］。

⑮ 休谟所给出的英语拼写是"reflexion"。

⑯ 休谟发现，他提出的原则，即所有观念都可以追溯到以前的印象，包含"一种自相矛盾的现象"。这说明，这个原则不能适用于任一种情况。他说，有这样一个人，他几乎见过各种程度的蓝色，只有一种例外。如果把他未曾见过的这种蓝色排除，而把其他程度不同的蓝色都展示给他，那么，他就会发现色彩上的一种不连续性，他就能够为这里所缺少的这种色彩想象出一个观念。休谟关于例外性的这种论断，引起不少争论。有人怀疑，观察者是否真的具有休谟所说的那种能力。休谟本人却泰然自若，他写道"……这种例外情况非常独特，很少能够引起我们的注意。我们不会单单因为它，就改变我们的一般原则"（EHU 21）。

⑰ 17 世纪哲学家笛卡尔和莱布尼茨，都是能力心理学家。

⑱ Barry Stroud, *Hume*（《休谟》）（London：Routledge & Kegan Paul，1977），28-29.

2

On Hume ———————— 因果关系与信念

我们怎样获得信仰呢？无论如何，获得一个观念，想起一件事情，并不等于相信某个人所想的真的就存在。通过探究，我们最终获得信念。休谟把"人类探究的一切对象"分为两类：（1）观念的关系；（2）事实。因此，根据休谟的理论，我们的信念也相应地分为两类，他考察的就是这两类信念（EHU 25）。

（1）信念所要讨论的是它们的对象。如果任何信念的真理性是由理性所证明的，那么这个信念就以观念之间的关系为对象。例如，"三角形三个角的度数之和等于180度"，这个信念的对象是，三角形的角的观念与180度的观念之间的关系。一个信念的真理性由理性所证明，意思是说，它是必然的真，在一切条件下皆为真，因为对它的证明不是以可变世界的任何环境为参照。观念之间关系的真理性仅仅与相关的心灵概念有关。一旦理解了这些概念，我们就会明白它们是以什么方式彼此联系在一起的。再举几个例子："4 加 5 之和等于 81 的正平方根，""圆形不是方形。"无须考虑方形物与圆形物是否存在，也无须考虑其数目是 4 或 5 的对象是否存在，只要理解有关术语的定义，我们就能知道这些陈述是真的。这些真理的必然性所包含的另一个结论是，我们无法想象它们的对立面。就是说，我们不可能把它们理解为不真的陈述。它们的不真是自相矛盾的（EHU 25）。

（2）另一方面，关于事实的信念是这样一些信念：它们的对立面是可以想象的，因为它们的真理即使是真的，也要以事物存在的方式为前提。说一个信念是事实信念，并不是说它是真的，而是说它的真与不真取决于条件。例如，多数哲学家也是大学教授，从现在的情况看来，这种说法是真的。但是，我们很容易设想其反面——多数哲学家不在大学执教，除了写哲学论文，他们还有其他的工作。在过去几百年，我们实际上相信这是真的。可是，关于自然的信念又如何呢？我们从未在自然界经验过互相对立的事物。例如，太阳将在明天升起，这是一个事实，还是一条偶然真理呢？抑或是观念之间的一种关系，一条必然真理呢？

这次日出 24 小时以后太阳不再升起，这种想法不包含任何矛盾，虽然我们觉得这种说法不可信。每隔 24 小时我们总会看到太阳升起，但这并不意味着我们不能设想其反面。另一方面，三角形的内角之和不等于 180 度这种说法，不仅难以置信，而且不可想象。但是，蜜蜂不会酿蜜却会酿醋；山崖上滚落的岩石却悬在半空，张开一把降落伞；明天太阳不会升起，都是可以想象的。所有这些即使都是事实，但与此相关的真理都是偶然的（ECU 25-26）。休谟就此提出的问题是，我们如何相信这些真理呢。它们显然要求经验证据，可是感觉转瞬即逝，信念却能持续不变。我的大衣在衣橱里，因为我把它挂在那里，即使不看衣橱，我也可以保持这一信念。我仍然相信吃土不会滋养我的身体，即使近来我未曾做过这样的实验。休谟的人性论必须解释，是什么促使我们接受这些超越了经验范围的信念。他认为，根据心灵的联结原则，只有一种关系可以使我们超越当前的经验，那就是因果关系（T 74）。

因 果 关 系

一切事实都建立在原因与结果之上

通过审查我们的信念，休谟阐述了自己的立场：一切事实信念都建立在因果关系之上。

○ 如果你问一个人，他为什么相信某个事实，尽管这个事实现在并不存在。例如，他的朋友在国内，或者是在法国，他会告诉你一个原因，这个原因可能是另外一种事实，可能是收到一封他写来的信，也可能是知道他以前的决定或许诺。一个人如果在一个荒岛上发现了一块表或是其他什么机器，就会得出这样的结论：有人曾经来过这里……如果我们剖析关于自然的其他所有推论，就会发现它们都建立在因果关系之上……（EHU 26-27）

休谟自己的例证显然有利于阐述他的论点：我的朋友现在在法国，我之所以产生这个信念，是因为我把她信上的邮戳和她在法国这两件事情联系起来。有人来过这个岛，我这个信念是通过以下因果关系而产生的：我把一台机器和一个设计者联系起来。但是，如果休谟的总论点是正确的，我们就无法理解不是建立在因果关系之上的任何事实信念。我们来分析几个不甚明显的例子：我相信，恐龙生活于史前时期；我相信，月球不是由绿色奶酪构成的；我相信，胶皮糖香树的叶子有五个角。这些信念如何建立在因果关系之上呢？

比如说，我相信恐龙生活在史前时期，这个信念以我听到或读到的古生物学家的研究结果为基础（或许是以小学课本一类的二手材料为基础）。我承认，恐龙的存在与这些研究结果、这些研究者得出的结论有因果关系。难道不是吗？有人主张，她之所以相信曾经有过恐龙，仅仅是因为她相信某人对她说过这样的话，而她又信任这个人。如果是这样，那么说到底，她还是把这个人所提供的信息当作恐龙曾经存在的原因。我相信月球不是由绿色奶酪构成的，这个信念可能是以我所熟悉的某些天体为证据。也许，我的信念是以国家航空航天局的报告为依据，该报告说，他们的宇航员均未在月球上发现绿色奶酪。无论如何，我必须把天体的构造当作自然证据的原因，或者我必须把月球的构造当作国家航空航天局或其他权威人士的结论的原因。胶皮糖香树的叶子有五个角，这个信念是通过观察我窗户外面的那棵树而形成的。它以我的感官为依据，但是在表述这个信念时我超越了转瞬即逝的证据，我假设胶皮糖香树具有某些（持久的）属性，这些属性产生（引起）了这些叶子。尽管我把这个信念的范围限制在这棵胶皮糖香树之上，但是我假定这棵树上的五角叶超越了我对它们的知觉。因此，就这棵树而言，我必须假定它有一些促使它长出这种叶子的属性。

休谟认为，事实信念建立在因果关系之上，我们必须用更多的例证为他辩护。按照休谟的研究计划，下一步应该讨论我们认识这种关系的方式。通过理性，人们发现，观念之间关系的信念必然为真，但是，能够合理地解释我们的事实信念的那种东西，却依赖于能够合理地解释因果关系信念的那种东西。

不是根据理性，而是根据风俗习惯

休谟认为，观念之间的关系是由理性产生的，因果信念则不然。首先，这一点由以下事实证明：只考察某个事实的原因观念，我们则无法预见将要出现的任何结果。以白糖为例，经过一番粗略的考察，我们获得白糖的观念。这个观念是否包含着某种东西，它可以使我们不做进一步的考察，就能推断糖是甜的，在水中可以溶解呢？至于我们称之为"白糖"的这个复杂观念，我们对它的效用的认识以我们的经验为界限。如果我们只见过它的白颜色，只感觉过它颗粒状的结构，我们还根本不了解它的其他性质——它的口感如何？会不会溶化？闻起来如何？休谟要我们考察一块磁铁，我们能从磁铁存在这个观念出发，得出它能吸铁这个结论吗？单凭理性，我们能解释面包为什么能滋养身体，水为什么能使人窒息吗（EHU 27-28）？

休谟讨论了一种可能的反对意见：假如我们一开始就作为成年人来到这个世界，却没有任何经验，看到一个台球开始滚动，我们当然能预见在碰到第二个台球时，它会把运动传给它。难道不是这样吗？然而，他的回答是，我们受自己的经验所限，必须相信这是事实。如果没有这种经验，我们就只能考虑哪些结果是可以想象的。但许多结果都是可以想象的——两个台球静止不动，或第一个台球按直线方向向后运动，第二个台球却从球桌上弹了起来。撇开经验，我们对结果的选择完全是任意的。休谟对自己的论点总结如下："一句话，任何结果都是不同于它的原因的一个事件。因此，不可能在原因中发现结果。在没有任何经验的情况下，首次使用或形成的观念则必然是完全武断的。（EHU 30）"

休谟本来可以把上述观点的小结作为他的第二种论证，这同样是第一章已经指出的以经验主义原则为出发点的一种论证。我们可以回忆一下：如果我们可以把两件事情理解为可分的，它们必然不同；如果两件事情各不相同，我们就可以把它们理解为可分的。休谟是这样表述自己的论证的：因果联结作为一种经验联结，不能由理性推导出，不能从具体原因推导出具体结果。他本来可以把第二种论证表述为一种概念性论证。我们能够把白糖的白的观念与它的可溶性观念分开，这说明，按照这个原则，白与可溶性各不相同。既然理性仅能在逻辑上区分观念层次，那么理性也不能用对糖的属性（此复杂观念包含诸多观念）的认识之一，依次推导它的其他属性。

就目前所知，休谟已就科学解释的范围作了有趣的思考。他这样写道：

○ 　　　应该承认，人类理性的最大努力，旨在使能够产生自然现象的那些原则具有更高的简单性，把许多具体结果归纳为少数几个普遍原因……但是，关于这些普遍原因的原因，我们的任何探索只能是劳而无功，我们为它们提出的任何具体说明永远不会使我们满意。这些最终的源泉和原则被禁闭在幽深处，人类的好奇心和探究力无法企及。弹力、重力、部分的内聚力、推力引起的运动，这些很可能就是我们在自然界所能发现的最终的原因和原则……（EHU 30）

　　从两方面看，休谟的考察饶有风趣。一方面，他对体现在牛顿和玻义耳①定律中的新科学的关注就是例证。牛顿提出了万有引力定律和物体运动定律，玻义耳则是近代物理学微粒子理论的奠基者。玻义耳认为，万物的因果性起源于它们微小的组成部分。或者说，因果性起源于微粒子或原子所具有的特性。这种理论十分明确地表现在洛克关于知觉的讨论当中。根据这种理论，构成世界上的自然物体的那些微粒具有一定的形状、数量、运动、质量和结构，这些特征决定了物体的性质及其对不同种类的物体的作用，这种作用是以接触或推动的方式相互进行的。例如，火和蜡的微粒结构决定了一个能使另一个熔化和蒸发。

　　休谟的考察值得注意的另一个方面是，它似乎要说明科学解释以可观察的物体运动原理为界限，因为我们的探究无法深入到不可见的微粒子所构成的"最终的起源和原理"之中。这似乎是说，问题的关键在于某个偶然事件。也就是说，在于我们的研究能力和有限的感觉能力。假如克服了这些限制，我们就会认识因果的必然联系。换言之，他的意思可能是，只要我们拥有更精确的显微镜，就能认识客观的因果关系。

但是，这种含义与休谟的论述并不一致。因为他自己的论述包含这样的思想：从一个对象的单纯观念或一类对象的单纯观念，我们无法推论出任何结果。这种限制不是偶然的，它起源于我们思考对象的方式，休谟把这种方式等同于复杂观念的形成方式。如果复杂观念可以解剖为简单观念，那么一切复杂观念都是由理智上可以分割的一些部分组成。这就意味着，一切简单属性都是独立的。例如，我们称之为"火"的那种明亮的橙色的光源经常与热同时出现，于是我们把热增加到火这个复杂观念之中。这种做法的唯一根据是，我们经验到热总是和其他感觉一道出现。我们没有任何理性根据可以使我们不依靠经验就把原因和结果联系起来。即使我们能知觉到物体的细微部分，它们所具有的性质也是如此。因此，如果我们试图在这个层面寻找因果性的解释，那么我们仅仅是把问题推到另外一个不同的层面。（我们好像是在讨论小的台球，而不是大的台球。）因此，科学永远无法解决这样的问题：我们试图认识我们未曾经验的结果。

人们认为，因果信念能够使我们超越目前的经验，尽管这些信念必须建立在目前的经验之上。我们究竟是如何形成因果信念的呢？将来类似于过去，如果我能把这个信念加到我现在的经验和存在于我记忆中的过去的经验之中，我就能提出一种论证，得出一种关于将来的结论。我将论证如下：（1）过去，我对火的经验总是和热的经验一起出现；（2）将来类似于过去；（3）因此，将来我对火和热的经验会同时出现。结论把我们送到将来，这就是因果联系的作用。所以，结论为我们显示出因果性。但是，如休谟所言，第二个前提本身建立在经验之上，就是说，建立在对过去的过去和过去的将来的经验之上，因此它提供的辩解是循环论证：（1）过去，将来的经验总是类似于过去的经验；（2）将来类似于过去；（3）因此，将来，将来的经验会类似于过去的经验。结论与第二个前提相同，为关于将来的结论进行辩护的这种尝试终究没有成功。

　　与此相反，休谟把注意力集中在一条非理性的人性原理之上，这条原理可以使人们超越目前的经验：那就是风俗和习惯。一个毫无经验的人长大以后被带进我们的世界，她没有任何根据可以预见，一个运动着的台球将如何作用于另一个台球。因为她没有任何根据，可以在一个事件与另一个事件之间形成一种联想的习惯。风俗和习惯，使人心在没有任何概念关系的观念之间形成一种心灵关系。如果我曾多次看到，第二个球在受到第一个球的撞击时会向前运动，我便形成一种习惯，把前面的运动与后面的运动联系起来。这种习惯会变得如此牢固，以至于我的心灵能够根据第一个事件的经验而预见第二个事件，即使第二个事件尚未发生。因此，我们也把其他事件称为因果：我相信，太阳将在明天升起，因为过去的经验使我们做出这种预见。我相信纸会燃烧，玻璃纤维则不会燃烧，因为我经常把火的经验与燃烧着的纸的经验联系起来，也经常把火的知觉与无法点燃的玻璃纤维的知觉联系起来。我的心灵超越现在，进入将来，不是因为理性发现了观念之间的联系，而是因为习惯创造了这种联系：

> 因此，习惯是人生的伟大指南。只有这个原则，才能使我们的经验成为对我们有用的东西，才能使我们期待过去出现的事会在将来相似地出现。如果没有习惯的影响，那么，除了直接呈现于记忆和感官的那些东西，我们对其他事实会一无所知。我们可能永远不会知道如何使手段适应目的，如何运用我们的自然能力来产生某种结果。如果那样的话，所有的活动可能立即停止，思维的主要部分也会停顿。（EHU 44-45）

必然联系的观念

我们如何形成因果关系呢？要为这个问题做出某种可信的阐述，就必须区分单纯的相互关系与因果关系。过去，烟草行业喜欢提醒消费者，何时开始吸烟与肺癌不相关。但是现在我们都相信，吸烟与肺癌之间的关系是因果关系。按照休谟的分析，与相关性相比，因果性意味着什么呢？在我们的因果性观念中，休谟发现了组成这个观念的三个因素。

第一个因素是接近。就时间和空间而言，两种经验往往彼此相续，一起出现在我的心中。在时间和空间中彼此独立的知觉，不能为我们建立相互作用提供任何理由，因此互不相邻的因果作用是不可能的。然而，这并不是要把因果关系的链条排除在外。这个链条把最初的原因和最后的原因连结在一起，把不相邻的原因与第一个原因连在一起；因果性观念的第二个组成因素是前后相续，即原因在前，结果在后。休谟论证说，如果结果与原因同时出现，所有事情就会同时发生。这是因为我们假定事必有因，这种假定必然导致这样的结论：所有事情皆以因果方式相互联系。因此，只要宇宙中发生了一件事情，所有的事情就必然发生。既然这是荒谬的，那么我们就认为原因和结果是前后相续的（T 75-76）。

彼此接近和前后相续能为我们提供相互作用的观念，但是我们在考察因果性时思考的是能够产生结果的原因。换言之，我们认为原因必然产生结果，这就是说，当第一个事件出现时，第二个事件不仅是肯定会出现，而且是必然要出现；我们的因果性观念所包含的第三个，也是关键性的一个因素，是必然联系的观念。从我们的观点看，之所以能把握必然性，是因为相信原因和结果总是在一起出现。如果火是热的原因，那么我们每次生火时总会感到热。如果胶皮糖香树春天会长出有五个角的叶子，那么每到春天当我们看见胶皮糖香树时，也总会看见它长着有五个角的叶子。诚然，当我们说吸烟引发癌症时，我们并不是说每当我们发现吸烟上瘾的人，总能发现肺癌。但是，只要设想全部原因尚未发现，它们的相关性足以使我们解释这种不一致性。我们可以设想与吸烟相伴的其他情况，在研究上尽管还不能明确解释，但只要存在，总与肺癌一起被发现。

于是休谟问道，我们是从哪里获得能够把原因和结果紧密联系起来的那个必然联系的观念的呢？根据他的观点，这个观念肯定来自经验——我们可以把这种经验追溯到一种感觉印象或反省印象。休谟论证说，在审查外部经验时，我们所能发现的仅仅是，一个印象（或一组印象）接着另一个印象而出现，却没有这些印象相互联系的观念：一个台球的运动与另一个台球的运动，火的光芒与热，光秃秃的树与其繁茂的枝叶。实际上，我们看到的是一个事件随着另一个事件而发生，却没有获得一个事件所具有的产生另一个事件的能力的印象，也没有获得把两个事件结合起来的必然性的印象。

那么，必然性观念是否来自内部经验呢？换言之，必然性观念是否来自我们对自身的行为过程的反省呢？无论如何，我们肯定非常熟悉这样的经验，即我们使自己的身体开始了各种不同的运动。我们应当在这个地方获得关于因果联系的知觉。

洛克认为，就是在这个地方，我们发现了能力观念的源泉。但是，休谟不同意这种看法。行为包含身体的运动。休谟主张，要想理解我们是如何开始行动的，就必须理解心灵，即行为冲动的发源地，是如何引起肉体的变化的。我想或者我愿意移动我的腿，它就动了：以什么方式呢？我是否真的体验到了二者之间的联系？这种联系是哲学的最大奥秘之一。休谟认为，必然性观念并不是一把有望打开这个迷宫的钥匙。

不存在任何关于必然性观念的印象。毋宁说，休谟是这样描述产生因果关系信念的心理过程的：被知觉到的那些事件的固定不变的结合，在我们心中造成了两种知觉的联合，直到这种联合变得如此有力，致使我们"下定决心"，要从对第一个事件的知觉过渡到对第二个事件的思考（风俗和习惯作用的结果）。达到这个程度以后，我们就在两个事件之间建立了一种必然联系。我们的心灵填补了经验的空白，因为它提出了两个事件必然互相联结的观念，尽管它们被经验为不同的事件。休谟宣称，我们的观念无不来自经验，名称的意义来自相应的观念。这里，他提出一个新的术语，即"必然联系"，这个术语无法通过意义的检验。

有人也许会说，心灵决定转移到将来的某个观念是一种情感。根据一个事件预知另一个事件的这种情感，正是我们可以追溯的能够产生必然联系观念的那种印象。这正是休谟的论点：

总的来说，必然性是存在于心灵中，而不是存在于对象中的一种东西。如果把它当作对象的一种性质，我们就永远不可能对它形成哪怕是最不相似的观念。要么我们根本没有因果性观念，要么必然性仅仅是思想的一种决心，这种决心根据人们经验到的它们的联结，能够从原因过渡到结果，也能从结果过渡到原因。（T 165-166）

科学家和哲学家所理解的把结果和原因联系起来的那种因果观念，是根本不存在的。只存在心灵的预见这样一个观念，它能够根据原因预知结果。在第一《研究》中，休谟以这种方式阐述了同样的观点：

因此，我们在心灵中感受到的这种关系，即想象从一个对象到它通常的伴随对象的这种习惯性过渡，就是我们借以形成力量观念或必然联系的那种情感或印象。从此，我们再也无法向前追溯了。（EHU 75）

休谟的结论是，我们所理解的必然性观念，其实就是我们自己的心灵和预见的一种写照。正如有些作者所言，假如我们认为因果性是在我们之外被发现的，那是因为我们把在自己内部发现的一些东西放进了世界，却以为我们是在那里发现了这些东西。②

信　　念

什么是信念？

认为非洲有雪与相信非洲正在下雪是不同的，尽管二者都是复杂观念，而且内容相同。如果有人讲了一个令我难以置信的故事，我要想理解这个故事，就必须具有与讲故事的人相同的观念，却仍然可以不相信这个故事。相信与不相信的区别，不在于某个观念被传达给没有此观念的人，而在于我对这个故事所持的态度。既然我想象出来的那个观念所表现的东西与我相信的观念所表现的东西是同一个东西，那么区分我的信念和观念的唯一方法是诉诸现象或感觉。在第一《研究》中，休谟这样写道：

> 因此，虚构与信念的区别在于某种情感或感觉，这种情感与后者，而不是与前者相联。它不依赖意志，也不能被随意支配。与其他情感一样，它必须通过自然而激发，必须从具体处境兴发。在这样的处境中，心灵正处于情感与信念的某个结合点上。（EHU 48）

当我们被信念左右之时，就难以确切表达那种带有观念的情感，此种情感与其他印象和感觉，如冷和气愤一样，是一种源始的感觉，不可化约为别的。休谟说，这是对信念的情感。但是在《人性论》中，休谟把信念定义为"一个与当前印象相关或相连的生动的观念"（T 96）。这种说法与第一《研究》中的说法很少有相同之处，因为第一《研究》是根据情感来定义信念的。二者是在谈相同的东西吗？

我们知道，信念是由联结经验的心灵习惯结果形成的复杂观念。但是，休谟坚持说，与当前印象的关系是信念定义的组成部分，因为信念是在心灵习惯产生以后由经验或印象激发形成的。他的思路如下：当一个人走到一条水流比较深的小河边时，她会立刻停下。她无须更多的经验来证实，她如果再往前走，就会掉到河里淹死。当前的印象激起她的信念，她相信步入深渊会使人窒息而死。不过，这个信念实际上是此前业已形成的因果联系的产物。我举目窗外，想知道今天的天气情况，结果发现窗外大雨滂沱。这时，我无须更多信息就能得出这样的结论：如果不带雨伞或不穿雨衣就出去，我肯定会淋湿。下雨的景象之所以是我的信念的催生素，恰恰是因为以前的经验为我接受这个信念做好了准备或提供了意向。因此，当休谟把信念定义为与当前印象相连的一个生动观念时，他可能在想，尽管所有的信念受以前经验的制约，但是在日常生活中，当它们被目前的经验触发时，就会自发地呈现于人的心灵。他说，实际上，我们还无暇反省，习惯就已经发生作用了（T 101-104）。

根据《人性论》，我们所谓的信念的观念的生动性构成休谟提出的那个定义的另一个重要特征，因为在这部书以及在第一《研究》里，他都认为只有依靠感觉，才能区别信念与非信念。就信念的这一特征而言，当前印象也起着关键作用，因为休谟解释说，正是与观念相连的当前印象，促使这个观念的生动性达到信念的强烈程度（T 98-106）。休谟认为，经验总能提高相关观念的强烈程度。我们来考察一下印象与观念之间可能存在的接近关系，我的故乡距我现在的居住地相隔一个大陆，我对它有各种各样的观念，它们多数时间都处于模糊状态。我登上飞往那里的航班。人在旅途，举目机窗之外，这时，我即将访问的故乡的观念，就获得一种在我过去的生活中通常没有的生动性和具体性。在我追忆往事的时候，对于与我的故乡相邻的一些地方的经验，莫名其妙地提高了我对故乡观念的强烈程度。

我们再来考察因果关系。过去的经验在我心中产生了樱桃树与白色花朵的联结。春天，在散步时，我发现远处有一棵树，枝头挂满了洁白的花朵。印象的生动性立刻转移到相关的观念——樱桃树。这棵长着洁白花朵的树是樱桃树，那棵樱桃树也长着洁白的花朵，于是这个观念由于其生动性而提高到信念的地位。我依然可以具有这样的观念，认为樱花是紫色的。我也许正在写一个科学幻想故事，讲述一个具有不同的自然规律，因而区别于我们这个世界的世界。但是，这个虚构的观念的生动性，不及樱花是洁白的这个观念。前者是想象的观念；后者是信念的观念。同样，当我举目窗外，发现那里正大雨倾盆时，我的当前印象就能提高观念的生动性：雨能淋湿人和物，此刻我相信，如果不带雨具就外出，我肯定会被淋湿。信念就是以这种方式成为我们经验中最生动的观念的，其生动性仅次于印象，因为观念是从印象获得它们的生动性。

然后，我们再来考察第一《研究》对信念所作的更为简单的描述。在那里，信念被当作"连接"到观念上的一种情感：这种提法是否与《人性论》的论述相一致，尽管它的讨论不像《人性论》那样充分？我认为，要协调这两个定义是困难的。给复杂观念简单地添加上一种"信念情感"（某种类似确信的感觉）与使这些观念获得某种强烈性和生动性，像《人性论》所讨论的信念的观念那样，是不同的。第一《研究》是要说明，信念的情感可以和复杂观念分开，正如复杂观念中的简单观念可以分离一样。但是，既然所有观念都具有某种程度的强烈性和生动性，人们不可能把观念的获得与获得观念时的情感分开。换言之，获得一个观念，无论是记忆观念或想象观念，还是信念观念，就是要经验它的某种生动性。由此看来，《人性论》的定义似乎胜于第一《研究》对信念的论述，因为它与这样一种不可分性相一致，即信念的现象维度和信念的认识（即内容）维度不可分。休谟在《人性论》的"附录"部分（T 623-

627）进一步讨论了信念的本质，因此，有些读者认为他不满意自己的论述。但是他在那里进行的讨论模糊不清，就会产生不同的诠释。

信念具有实际意义

休谟对信念所作的描述提出了一个有趣的问题：我只相信当前经验带到心灵面前，并且表现在行为中的那些观念吗？或者，我是否还相信以前认识的那些观念，尽管它们恰好与我现在的行为没有任何关系？例如，在我琢磨着如何去掉袜子上的污渍时，我是否相信乔治·华盛顿是美国的第一任总统呢？我觉得，正确的回答是：我倾向于相信这个观念，如果某个当前印象激发了这个信念，我就真的相信这个观念。例如，如果有人问，我是否相信乔治·华盛顿是美国第一任总统，我就回答"是"，而且我的回答是正确的，因为我有一个连结着当前印象的生动观念。我们可以说，记忆是一些我们倾向于相信的观念。在适当条件下，它们为某种刺激所唤醒，在生活中发生实际作用。这种观点使某些读者认为，休谟坚持这样的观点：信念仅仅是表现它的那种行为。这种立场被称为"行为主义"。但是，就休谟对作为一个观念的信念所作的具体论述而言，我认为人们没有理由同意这种解释，因为这种解释否认，信念是一种心灵状态，实际上也否定了一切心灵状态的存在，反而根据行为来解释我们的心灵生活。

因此，尽管休谟不是行为主义者，但他却有兴趣研究这样的事实：在影响我们行为的一切观念中，信念具有独特地位。这与他明确表示过的意图相一致。《人性论》的封面上写着这样的话，"它的研究试图将实验科学的推理方法引入精神科学"，就是说，他要对作为现实存在者的人类作科学的阐述。休谟认为，想象出来的观念不能像信念那样发挥推动作用，这是我们的幸运。否则，我们可能做出各种徒劳无益、主观武断的事情。读者正是根据休谟在情感心理学中所表述的论点，来辩论信念所起的推动作用的。本书第四章将讨论休谟的情感心理学。

在这里，我们可以肯定信念能够为我们提供有用的信息，我们可以因此而指导我们的行为，以便实现我们的愿望。信念也能够按照我们各自不同的情绪特征而激发情感或感觉。如果我是一个厌恶冒险的人，那么登山充满危险这个信念就会在我心中唤起一种恐惧感，这种恐惧感很可能会阻止我把登山作为自己的业余爱好。当然，对这些危险的想象也可能产生相同的结果，而这恰恰是因为我相信这些危险很可能发生。假如我认为这些危险仅仅出于想象，那么我不可能一想到它们，就真的产生恐惧感。反之，休谟认为，我们的情感倾向有助于产生某些信念：和一个有自信心的人相比，一个缺乏自信心的人更容易相信她的研究计划存在严重的缺陷（T 119-120）。信念与想象相互影响，信念有助于激发生动的想象，生动的想象能够提高信念的程度。一个能言善辩、生动有趣的说书人有时能够唤起我们的赞同，其强烈性甚至压倒习惯的作用，从而说服我们相信与日常经验相反的某些事情（T 123）。

经验主义与怀疑主义

理性主义与经验主义

　　阐述了休谟对因果性和信念的讨论，再来探讨理性主义与经验主义的区别就比较容易了。理性主义者与经验主义者所争辩的基本问题是：能为信念提供最终解释的，是理性还是经验？就这场争论而言，重要的是牢记，理性被理解为区别观念之间或思想之间的逻辑关系的能力。哲学家把这种意义上的理性理解为直观与论证的结合，直观是对真理的直接把握，论证是根据这些真理进行逻辑演绎。理性主义者的特征表现为这样两个互相联系的命题：（1）心灵具有天赋观念；（2）对世界的信念可以通过理性来证明。如果理性想单独依靠自己的力量来证明信念，那么在心灵获得经验之前，肯定有某些东西已经存在于心灵之内，心灵凭借这些东西而发挥作用。因此，为天赋观念辩护是理性主义者的标志。另一方面，经验主义者既不承认第一个命题，也不承认第二个命题。

理性主义与经验主义争论的焦点似乎是这样一个问题：观念和信念是如何获得的？这个问题在这场辩论中的确重要，却仅仅是因为观念的获得与证明有关。证明就是提供充分的理由，说出为什么。来自理性本身的任何解说，必然已经为理性所支持。如果我演绎说明天太阳将会升起，我就没有理由不相信这个判断。所以，如果理性主义者能够证明（a），即关于世界的信念是由理性产生的，这些观念就肯定是合理的。理性主义者可以选择的另一种途径是承认（b），即关于世界的信念来自感官，但是，只有理性才能为我们确保感官知觉是可靠的。莱布尼茨是（a）的代表；笛卡尔是（b）的代表。

笛卡尔承认，我们有很多建立在感官之上的信念，但是他认为经验本身无法提供证明。例如，我们看到一些东西，但这并不必然是个好的理由让我们认为它就是我们所看到的那样。所以，笛卡尔试图用理性来证明感官知觉，以此为信念的源泉。它的论证方式如下：首先，他通过上帝的天赋观念以及其他几个原则，来论证上帝的存在。然后，他争辩说，从定义上看，既然上帝是善良的和完善的，那么上帝赋予我们的感官知觉这种能力，也不应该出现任何差错。因此，如果我们正确地使用（我们并不总是正确地使用）感官知觉，我们就不可能在它所产生的信念中出错。另一方面，莱布尼茨认为，关于世界的每个因果信念实际上都可以通过理性产生出来，只是仅当我们完全认识了信念所涉及的那些概念。换言之，他认为，我们从白糖的某些属性出发能够演绎出它与其他实体相互作用的方式，这种推演甚至先于我们对这些结果的经验。他认为，获得概念意味着理解该实体的本质。从逻辑上说，实体的全部属性都来自其本质。因此，我无须经验即可断定，水能够使人窒息，火是热的。我只需彻底把握它们的本质。休谟当然认为，这样的演绎是完全不可能的。

怀疑主义与自然主义

有各种各样的怀疑主义者，但是，怀疑主义通常被定义为这样一种观点：对于心灵之外的世界，我们无法认识。它被认为是一种消极的而不是建设性的观点，因为怀疑主义的立场是被迫加给某人的，这个人的思想使她得出这样的结论：根本不存在任何可资利用的材料，以便我们建设一种积极的认识论。休谟主张，除了心灵的决定这种感觉，我们永远不可能获得对必然联系的印象。鉴于这种论点，他有资格被称为"伟大的怀疑主义者"。他的分析具有深刻内涵，受到有经验主义思想倾向的哲学家的广泛认同。这些深刻内涵包括以下内容：归纳推理，即从单个经验中演绎普遍结论的过程，永远没有最后的确定性；自然规律没有我们通常认为的那种必然性。

根据感官在自然界可以把握的那些属性，就是说无须参照普通感官不能把握的那些超自然的或形而上学的属性，哲学上的自然主义者为他们所研究的现象提出了建设性的阐述。对于同样的现象，一个人不可能既是自然主义者，又是怀疑主义者。休谟以自己的方式，为信念的产生和因果"推理"提出了一种积极的解释。从这个意义上说，他似乎是一个自然主义者。重要的是，我们应当注意，产生因果信念的过程，经常被称为"因果推理"或"事实推理"，虽然休谟已经明确指出，这不是形式意义上（论证的理性）的理性的作用。但是，信念的形成是一个推论过程，就是说，这是心灵从一种知觉到另一种知觉的运动。因此，即使它所依赖的关键性基础是风俗习惯，一个非理性的原则，但把思想的这种运动称为"推理"是恰当的。

在《人性论》中，休谟反对怀疑论的步伐又向前迈进了一步。他根据自己对人性的观察，为正确的因果推理总结出八个标准（T 173-176）。如果因果性不是外部世界之中的某种东西，而是我们内部的某种东西，那么人们是如何获得错误的因果观念的呢？当然，是我们以错误的方式获得这个观念的。休谟关于情感和想象可能影响信念的讨论，部分地解释了我们通常是以什么方式和什么缘故而形成错误的因果观念的。几年前，犹他大学的两位科学家宣称，他们发现了冷熔合的过程。但是，后来发现，他们把结果弄错了。这不是他们摆出的一场骗局，他们所下的结论是真诚的，只是为时太早。后来，通过连贯的观察，这个结论被证明是不合理的。有时，我们特别地愿意相信某件事情。在具备因果关系的正常条件以前，我们的心灵就能感觉到我们通常用以建立因果关系的那种决心。

休谟洞悉人性的这些方面，而且根据他在一般的人类心灵生活中所发现的原则解释了这些方面。想象与情感是人类心灵的一般的组成部分，有时它们以误导的方式影响信念，却并非总是如此。显然，休谟关于因果性的结论，不完全是怀疑主义的。他为人类生活总结出的那些自然主义的标准，具有积极的现实意义。这种方法后来在其道德哲学中发挥了举足轻重的作用。

思　考　题

1．请解释，洛赫·内斯在苏格兰这个信念是如何建立在因果关系之上的。

2．根据休谟的定义，信念是"与当前印象连结着的一个生动的观念"。"2+5=7"是我的一个观念（观念间的一种关系）。这个观念能否成为一种信念呢？

3．请举出几个错误的因果推论的例子。

注释：

① Robert Boyle，*The Works of the Honorable Robert Boyle*（《罗伯特·玻义耳文集》），ed.Thomas Birch，6 vols.，London，1672.

② 这就是必然性问题上的"投射说"。这种观点认为，我们把在自己内部发现的一些东西投射给世界。布莱克·博恩在以下文献中认为，这个观点起源于休谟。见 Simon Blackburn，*Spreading the Word*（《传播语言》），Oxford：Clarendon Press，1980，210-211。

3

On Hume ———————— 关于物质世界与自我
的信念

我们为什么相信对象存在？

　　按照休谟的理论，我们的所有事实信念，都是建立在一个经验与另一个经验的联结这种习惯之上，直到我们相信一个是另一个的原因。但是，如果我们把这些信念当作是关于世界中的对象的信念，而不仅仅是关于我们知觉的信念，那么，我们的信念就预设了别的信念——预设了对象的存在。到目前为止，休谟分析的那些信念为我们描述了事物的排列方式，例如"茶壶在火炉上""蜡受热以后要熔化""明天太阳将会升起"等。我们认为，谈到这些事情时，我们不仅仅是在谈论我们的心灵状态。那么，我们是如何相信这些对象的存在的呢？例如，人们相信太阳是存在的，这并不是说，我们能够把我们对太阳的经验与太阳本身联系起来，我们只能把这些经验与那些经验联系起来——把关于太阳的这些知觉与关于太阳的那些知觉联系起来。因此，当我们说太阳使我们感觉热时，我们是把我们关于明亮、光线等的知觉，即构成太阳的复杂观念的那些知觉，与我们关于热的知觉联系起来。相信太阳存在是另一回事。

　　到目前为止，我们描述了使性质归属于对象的方式。但是，我们尚未说明，我们是如何相信对象能够存在于心灵之外的。休谟已经指出，相信一个对象存在，不等于把一种新的属性归结到这个对象上（T 94）。无论我是否相信圣诞老人存在，但是这个观念的内容将保持不变。而休谟认为，人们是以不同的、更加生动的方式，来思想或体验真实存在着的圣诞老人这个观念的。不管是以什么方式，我们既然具有关于对象存在的问题，这个信念就必然要求一个不同的心理过程，以便区别于作为事实信念之基础的那个心理过程。这个问题还涉及另外一个令人苦恼的问题：我心中的所有知觉，即我的观念必须以之为基础的那些知觉，可能是关于其他对象的一些知觉。如果这样，那么，作为知觉的主体或所有人，我是如何获得关于我本人或关于我心灵的观念的呢？

　　于是，休谟下一步便研究：什么原因能使我们相信"物体"的存在呢？（"物体"是用来指所有物质对象的一个术语，而不仅仅指有机体。）休谟说，追问物体是否存在，是徒劳无益的。因为我们不能回答这个问题，所以只能视为当然。既然我们的知觉是所有信念的基础，所以他就把问题划分为两个互相关联的具体问题：（1）我们为什么假定，即使我们不再知觉到物体，它们也能持续存在；（2）我们为什么假定，物体具有独立的存在，即外在于心灵、不依赖于知觉的一种存在（T 188）。在讨论这个话题时，**休谟把普通人的思想与哲学家的思想分开。**他想揭示，人们是以什么方式自然而然地开始相信外在对象的。同时，他还想指出，过去的哲学家对这个问题的论述是如何发生错误的。普通人（有时被称为"俗人"，这个词在当时不含贬义）错把知觉当对象。他们认为，外在对象事实上已经包含在他们的经验之中。但是，这种思想是混乱的，因为经验是心灵的经验，而对象被当作物质对象。另一方面，哲学家已经认识到，我们的知觉完全是心灵的产物，于是他们推论说，还有一个由物质实体组成的世界，这个世界引起知觉，它本身却不可知，因为它总是处于经验之外。**既承认对象存在，又承认对象的知觉存在的这种信念，休谟称之为关于"双重存在"的信念。这种信念比普通人的信念更为混乱。**在以后的讨论中，我们将会明白他为什么要这么说。

不是通过感官或理性而产生的对象观念

我们直接从感官获得外部对象的观念，对我们来说，这是显而易见的：我们只是看到它们，感觉到它们，品尝到它们，听到它们。我只是感觉到，我的胳膊或手在我的心灵之外，那本书在我的手之外，那张桌子在那本书之外；我举目窗外似乎看到，远处有一所房子，房子外面有一棵树，等等（T 190-191）。但是，我对"外在性"的知觉，不可能是感官单独发生作用的结果。休谟提出三个原因：（1）我们知觉到的是印象，而不是对象。当然，他的意思是，我们的经验或知觉是印象。即使我们把它们当作关于对象的经验，我们所能直接地把握的，不过是心中的经验或印象，而不是它们之外的任何东西。（2）我们关于对象的外在性的观念不可能仅仅来自感官，因为我们承认，把声音、滋味、气味这类印象当作存在于心灵之外的事物中的东西，这种理解没有任何意义。尽管我可以说这个柚子吃起来"很酸"，但我并不是说这个柚子尝到一种酸味，我只是把这种酸味归结到我这个知觉者身上。所以，我们的全部知觉都是内在的，它们没有为我们提供任何外在性观念。（3）如果我们确实把自己的知觉当作对我们之外的某种东西的经验，例如我们感觉到一个大个头的水果，便称之为葡萄柚，但感官还是不能直接为我们提供"外在性"这个观念。心灵能够进行推论，形成一条思路，最后得出外在对象这个观念。这就是说，感官本身不能为我们提供一个独立的或单独的世界观念（T 191）。

感官本身也不可能是持续存在这个观念的来源。在任何一个确定的时间，只有少数我们认为存在的对象，才能够呈现于我们的感官。我闭上双眼，或是眨了几下，这时，映现在它们之上的这些信函和报纸会从我的感觉中消失；我离开这所房子以后，里面的书桌、椅子、台灯和书籍不再呈现于我的感官。但我还是认为，这些对象依然存在，即使我感觉不到它们；我并不认为，由于它们经得起或经不起我感官的检验，所以它们就时隐时现。休谟论证说，如果感官是持续存在的观念的唯一根源，那么，它们就必须知觉到它们本来无法知觉的东西——知觉到没有呈现给它们的一些对象。休谟的结论是，持续的单独的存在这个观念决非来自经验（T 191-192）。

是理性使我们相信对象具有独立而持续的存在吗？（既然信念是生动的观念，那么，从观念的起源问题转向信念的起源问题不过是一个小的转变。如果是理性产生了对象存在这个信念，它也可能是对象观念的起源。）休谟指出，由于哲学家们讨论的是理性论证的问题，他们便得出这样的结论：呈现于心灵的一切东西都是知觉，因此它们的存在断断续续地依赖于心灵。但是，普通人不理会这些论证，毋宁说，他们"把知觉和对象混为一谈，而且把一种独立的持续存在附加在他们所感到或看到的东西之上"（T 193）。他们的信念，即他们直接知觉到了对象，不是理性地反省的结果。

我们必须记住，演绎推理探讨观念间的关系，因果性"推理"（其本质是习俗或习惯）探讨事实。由于观念间的关系不过如此——与我们的观念有关，却与对象无关——所以，演绎推理不可能是对象存在这个信念的起源。仅有的另一种选择是，对象信念来自因果推理。但是，如果普通人不首先把知觉与对象分开，他们就绝不可能从前者推导或推论出后者的存在。他们也不可能根据知觉的原因推论出结果，因为因果推理要求在经验之间建立相互联系。如果我们不把经验与对象分开，我们就没有在它们之间建立相互关系的基础。即使我们真的能做出这样一种区分，如某些有较高反省能力的人那样，我们仍然无法在它们之间建立因果联系，因为我们只有通过知觉，才能把握对象，才能把一些知觉与另一些知觉联系起来。任何推理方式都不可能得出这样的结论：对象是知觉的原因（T 93）。

休谟主张，物质对象这个观念不是来自理性，这种说法不足为奇。然而，如果这个观念不是来自经验，我们却相信这些对象的存在，这是为什么呢？

连贯性、恒定性与想象

休谟认为，一定是想象产生了持续的、单独的存在这个观念。究竟是如何产生的？首先，所有印象都是内在的和不连续的。每时每刻我都感觉到，我的经验在变化——颜色在变，声音在变，感觉也在变。但是，我们已经注意到，我们只相信其中的某些经验，认为它们与我们有别，能持续存在。例如，我们并不认为，我们对爱与恨的感觉，对苦与甜的味觉，是存在于我们之外的一些东西。知觉是否具有这样一种性质，这种性质能促使我们将一种持续的、单独的存在归属于这些知觉而不是那些知觉呢？这种性质不可能是与其他印象相对立的某些印象的不自觉行为，也不可能是这些印象的强烈性与生动性的表现。情感与爱慕属于最强烈的印象，但是，它们的行为也是不自觉的，与形状观念和广延观念一样。然而，我们认为，前者建立在心灵之上，一闪即逝。后者却是物体永久不变的性质（T 194）。

我们发现，我们把持续存在看作其属性的那些印象具有恒定性，这就使这些印象区别于我们所说的建立在心灵之上的那些印象。山脉、房屋、树木，出现在我视野中的这一切，总是按照一定的排列方式向我显现。如果我闭上眼睛或转过身去，不再观看这些景物，那么，它们会保持原来的形态，在晚些时候又返回我的心中。这种恒定性当然允许出现例外：对象经常是过一段时间就改变它们的位置和性质，甚至会变得面目全非。树叶落了；房子的百叶窗掉了，或是更换了新的色彩；山脉也披上了银装。然而，这些变化表现出一种连贯性和规律性，这是推论的基础，也是持续存在这种观点的起源（T 194-197）。例如，一小时后我回到客厅发现，壁炉里的火与我离开的时候不一样，但是我已经习惯于在这样的时间看到这样的变化了。秋天，我去了一个公园，而夏天的时候，我曾经来过这里。这时，它已经变得大不相同了：树叶变了颜色，有的树裸露着部分躯干；草也枯黄了；人行道上满是瓦砾。但是我知道，这就是原来的那个公园，因为它的变化具有周期性和系统性。

和因果推论一样，关于外部对象的推论尽管也涉及习惯和经验，二者却大不相同。休谟说，关于外部对象的论证间接地以习惯为基础。这是因为，当我们推论对象的持续存在时，我们是在设想一种比我们通过知觉而观察的那种规律性范围更大的规律性。存在于知觉中的任何程度的规律性，都不能作为我们推导存在于对象中的程度更高的规律性的根据，这种规律性是我们无法知觉的，因为这个推论假设了一种习惯，这种习惯是由从未呈现于心灵的一种东西产生的。恒常的重复，作为因果联系的关键所在，并不能使我们超越经验本身。因此，习惯和理性超越知觉而向着外部对象的这种延伸，肯定是由于别的原则在发挥作用——连贯性和恒定性的原则（T 197-198）。

经验的连贯性和恒定性都不足以充分解释我们的存在信念。但是，休谟说，它们都是必不可少的。它们中的每一个都能使我们想到一种持续的存在，就是说，它们能使我们想到对象存在着，虽然我们感知不到它们。于是，持续的存在促使我们思考单独的存在，因为在我感知不到它们时还存在着的那些对象肯定与我不同。首先考察连贯性。我的知觉具有连贯性，通过假设对象的持续存在，我能够扩展这种连贯性。我住在一座公寓大楼的二层。有人敲门。我假设这个人是爬楼梯上来的——可是，我并没有看见他上楼——因为过去的经验使我相信，人既不会飞，也不会在空中飘浮。我假设楼梯走廊和楼板依然存在，敲门者正站在楼板上。或者，我接到一封远在异国他乡的朋友的来信，我相信我的朋友依然健在；我假设，一架我没有知觉到的飞机把这封信送到我的国家。听到其他房间的开门声，我假设那扇门是存在的，即使我没有任何别的感性证据。我已经习惯了在合页上转动的门的经验与一种嘎吱声的恒常联结，于是我想到了这种结合，尽管在这个具体事例中我没有感知其中的任何一个事件。我以前的因果联系可能与现在的信念背道而驰，除非我假设那扇门依然存在，而且打开过，只是我没有觉察到而已。我的信念世界会充满矛盾，除非我假设对象的持续存在："这种假设最初是完全任意和虚构的。它之所以具有说服力和证明力，是因为它是唯一的解释，只有依靠这种解释，我才能消除这些矛盾。（T 196-197）"于是，"我自然而然地把世界当作一种实在的和持久的东西，即使它不再显现于我的知觉之中，世界仍能保持其存在"（T 197）。

在信念形成的过程中，想象发挥着作用，因为想象一旦开始，就倾向于遵循一条思路，即使当前的经验并不支持这条思路。当我们假设对象能持续存在时，我们的知觉的连贯性就扩大了。这个持续存在的对象是想象的虚构，通过这种虚构，固定不变的对象被假设为随着我们知觉的变化而变化（T 200-201）。但单凭连贯性，我们还推论不出整个世界的独立存在。

如上所述，还必须有一个恒定性原则。

我们来考察恒定性。存在着各种各样的对象，它们与我们截然不同，时而出现，时而消失，然后按照某种连贯性再次出现。相似的知觉的恒常再现，有利于心灵沿着间断的知觉观念进行过渡，这种感觉与一种恒定的不间断的知觉几乎相同（T 204）。例如，我对月亮或大海的知觉时隐时现。如果我认为，当我不感知这些对象时，它们就被毁坏了，而当我再次知觉到它们时，它们才刚刚被创造出来，那么我就会陷入一种心理冲突。休谟说，通过假设一种持续的存在，我们就掩盖了知觉的间断部分（T 205-206）。根据不完整印象的彼此相似，我们的对象概念能获得一种强烈性和生动性，这种关系便产生了对象存在的信念。但是休谟强调，人们思想中存在这样一种混乱：他们把知觉当作唯一的对象。他们假设，物质存在能呈现于心灵。

哲学家们的困惑

普通人是如何产生对象的持续而独立的存在这个信念的呢？休谟的描述可以概括如下：人们假设，知觉就是对象，却又相信物质的持续存在。但是，根据知觉即对象这个假设，对象在知觉中断时还持续存在这种说法是完全错误的。但是，由于不同的知觉具有明显的相似性，于是想象开始活跃，虚构出一种持续的存在，以便消除这里出现的矛盾；这个矛盾表现为以下两种对立的思想倾向：一方面，对象在知觉中断时还持续存在；另一方面，知觉是我们的对象，这些对象可能中止其存在。当人们记忆中的印象提高了假设的强烈性和生动性之后，假设就变成了信念。

哲学家们根据某人所处的位置，认识到了这种谬误。简单的试验就能说明，知觉没有任何外部存在：它们会随着我们所处的位置而变化；对象的大小取决于观察者的位置。同样，滋味、颜色等也是随着感知者的情况和状态而变化。所有这些证据，都反对我们的知觉即外部对象这个结论。按照知觉没有任何外部存在这个结论，哲学家们也修改了他们的思想体系；他们区分知觉与对象，接受了双重存在这个信念。但是，休谟认为，（1）他们的观点建立在普通人的观点之上；（2）这种观点有它自己特殊的问题。

（1）如休谟所说，假如哲学家们一开始就没有接受普通人的观点，他们绝不可能形成双重存在的信念。请看以下对比：普通人假设对象的持续存在，这些对象都是知觉；哲学家们发现，知觉不是独立的。因此，哲学家们本当得出对象没有任何持续存在的结论，相反，他们建议把知觉与对象分开（T 214-215）。他们把相反的性质归结到不同的事物身上：知觉有间断性，对象有持续性。他们之所以走上这条道路，是因为他们不愿意放弃普通人的观点，即知觉的对象具有连续性。

（2）最后，双重存在论本身就有问题：它根本无法解释人们是如何相信这种理论的。休谟主张，这种理论决不会受到（因果）理性或想象的欢迎。我们知道，因果推论只能在知觉之间建立相互关系，而决不能在对象与知觉之间建立这种联系，因此我们不能用这种方式推论对象的存在。至于想象，休谟认为，既然假定我们的知觉是不完整的和间断的，那就根本没有任何可信的解释能够说明，我们为什么要想象另外一种存在，它与知觉相似，却是连续的和不间断的。只有普通人的观点支持哲学家们的主张，哲学家们的论点就建立在这样的见解之上（T 213-215）。

我们是如何获得自我观念的？

休谟关于外部世界的讨论引出了一个与此相关的问题：我是如何获得关于自我的观念，即自我是经验的主人或主体的呢？有些哲学家认为，我们总是知道自身的存在，但是，当我在自己内部寻找关于自我的知觉时，我所发现的是不断变化的印象和观念。我是从什么地方获得所有知觉都在其中流转的心灵观念的呢？因为经验主义原则声称，所有的真观念都可以追溯到以前的印象，所以如果我有一个可以理解的自我观念，那么肯定存在一种或一组印象作为这个观念的起源。我们的知觉不断变化，自我却是这样一种东西：在知觉的所有变化当中，它保持不变。所以，如果我们获得一种能够产生自我观念的印象，那么它肯定是这样一种经验，这种经验贯穿经验的其他一切变化。

无论我们寻找得多么彻底，都不可能在我们内部发现任何固定不变的知觉。休谟把心灵比作一个舞台：

○ 　　心灵就是一个舞台，几种知觉相继出现。它们不断涌现，又悄然而逝，与无数的状态和情况交织在一起。严格说来，心灵在这个时间没有简单性，在那个时间也没有同一性，无论我们多么愿意想象这样的简单性和同一性。把心灵比作舞台的同时，我们决不能被这个譬喻误导。这里只有相继出现的知觉，它们构成心灵。我们根本不知道，这些知觉重现在心灵的什么地方……（T 253）

休谟的意思是，我们把心灵当作不断变化着的一切经验的舞台或聚集地，然而，任何知觉都不能使我们把心灵观念追溯到这个地方。我们称之为"心灵"的那种东西，其实是一系列流转不息的知觉，仿佛舞台上的场景和演员，可是想象掩盖了这一点，于是我们设想出一个单一的简单的统一体。

休谟问道："是什么赋予我们如此强大的一种意愿，让我们把同一性归属于这些相继出现的知觉，而且假设我们一生拥

有一种固定不变的永不间断的存在呢？（T 253）"我们已经
听到过这样一种解说：我们相信外部对象，因为我们倾向于把
同一性（对象在时间中的不间断性）赋予多样性（在一段时间
或在同一时间存在几个相似的对象）。但是，这里出现了一个
特殊的难题：同样的知觉使我们相信外部对象，又与我们的经
验主体，即自我这个观念有关。同样的知觉是如何发挥不同作
用的呢？

同一性的归属

休谟认为，所有的同一性归属，无论是把同一性归属于植
物和动物，还是归属于自我，实际上都是把这样一种性质归属
于一系列的相关的对象，而不是归属于某个单一的对象。他多
次提到我们把同一性归属于多样性的倾向。首先，他要求我们
思考，如果我们把同一性赋予一组相邻知觉，这些知觉后来却
发生了明显的变化，我们该对此作何解释。以我隔板上的陶瓷
咖啡杯为例。比如说，有一天，我回来后看见一只咖啡杯，它
看上去像是我以前的那只杯子，但是边上多了一个豁口。换言
之，我的知觉的相似性程度降低了，这却是我们将对象具体化
的关键所在。我们能否说，这就是原来那个咖啡杯呢？当然可
以，因为这个变化还没有大到使我们无法辨认的地步。如休谟
所言，我们的行为取决于对象变化所达到的程度：一个星球上

增加一个山脉，不会使我们认为一个新的星球已经出现在我们面前。但是，如果一只瓢虫增大了几英寸，我们就会感到惊讶，就想知道我们所看到的究竟是什么新物种。在这里发挥作用的心理学原则似乎是：在可以感知的对象作用于心灵时，它们所根据的不是任何一种绝对的尺度，而是它们彼此之间的比例（T 256）。和以前的知觉相比，假如变化不大，心灵在思想的过程中就会畅通无阻，这种变化不能破坏人们对同一性的看法。

休谟发现，在同一性归属过程中发挥作用的第二个原则是：如果一个物体的变化是逐渐发生的，那么我们很可能认为，它与原来的对象是同一个东西（T 256）。蜡烛点燃以后，渐渐熔化，心灵自然而然地从一种知觉过渡到另一种知觉，而没有假定对象知觉的任何中断。如果我们发现刚才的蜡烛呈深红色，还有一英尺高，现在却呈紫红色，只有三英寸高，我们就不可能自然而然地假定，我们看到的是同一支蜡烛。

心灵为不断变化的知觉系列建立同一性的第三种情况是，我们发现对象的组成"部分对它们的共同目的有一种感应"。如果一条船的许多部件都被更换，那就属于第三种情况。尽管这条船的大部分都是用新的材料建造的，但我们仍然把它看成是原来那条船，因为这些部分相互作用，共同构成一个能漂浮的运载工具。同样，一棵正在长大的橡树苗包含这样一些部分，这些部分与橡树相互依赖、相互作用，因此我们能够将小树和大树看作同一棵树，谈论其成长，而不至于把它们看作许多新的植物。

人格同一性

休谟说，产生外在对象的观念的那些原则，同样在自我观念的产生过程中发挥作用。我们知道，不同的知觉之间存在三种关系，因此，只有这三种关系——接近、相似、因果作用——能够帮助我们把各种各样的知觉合而为一。休谟把"接近"的关系排除在外，认为它在人格同一性的归属过程中不发挥作用。他认为，这样做显然是合理的。他的思路也许如此：在时空上相邻的知觉，只能使我们获得对象的观念。[①]为了考察另外两种关系的作用方式，休谟要我们假设，我们可以看到另一个人（在某个时间）的心灵深处，并要求我们考察在那里会发现什么。在这个实验中，第三人称的叙述肯定是无关紧要的。否则，休谟的论述就没有对自我观念提出任何论断，而只是就其他的心灵观念得出一些结论。所以，进行这项实验时，我应该看到我的心灵深处，或者说，你应该看到你的心灵深处。

我们审查心灵内部，当然能够发现川流不息的知觉，可是我们能否在它们之间发现任何联系呢？首先，有些知觉表现出相似的关系：有些观念与印象相似，有些观念与其他观念相似。按照休谟对记忆特征的描述，那些比较生动的观念就可以作为记忆（参见第一章）。我们在一个人的心灵中所能发现的主要是记忆，记忆可能与其他知觉相似，因此，我们能够发现许多相似的知觉。我们在这里发现了一种关系，这种关系可以说明心灵在多样性中实现认识同一性的过程。有些哲学家，如约翰·洛克，已经指出，应当通过记忆来定义自我。然而，休谟认为，相似性不能完全解释我们所理解的自我。我认为，现在的我和婴儿时期的我是同一个人，即使我对那段时间毫无记忆。我现在早已忘记了我生活中曾经发生过的一些事情，因为记忆可能消退。即使如此，我也不会认为，我就要消失不见了。为什么会这样？休谟说，因果性这种关系能够使我们把同一性延伸到记忆之外。我发现，这些知觉与那些知觉有因果联系——印象引起观念，观念引起其他的观念和情感。想象把相关的知觉"集合"起来，形成自我这个观念。例如，一生中一看见我的叔叔，我就觉得不自在，我并不知道这是为什么。假如有人能看到我知觉的深处，他发现我这种感觉与我小时候的一次经历有因果联系，而在我的记忆中这次经历早已荡然无存。因果关系是在想象中将我的自我观念和那次经历关联起来的基础。但是，由于自我或人格的观念无法直接追溯到经验，所以自我观念是根据观念之间的关系想象出来的，是另外一种虚构。

对这种阐述的几点评价

（1）同样一组知觉，既能使我们得出主体的观念，又能使我们得出客体的观念，这究竟是如何可能的？不同知觉的恒定性和连贯性为我们指出一条思路，它们的相似性和因果性为我们指出另外一条思路。知觉的恒定性不过是相似的知觉的重复出现。那么，相似的知觉如何使我们既向内延伸，又向外延伸呢？我的回答是，休谟经常使用的术语"知觉"既指印象，又指观念，把它们分开很关键。相似或恒定的印象能产生外部对象的观念，这个观念在没有被感知的情况下就能使人产生印象，使属性持续存在。另一方面，与印象相似的观念，或者与其他观念相似的观念，导致出具有这些观念的人格或心灵的观念。

（2）休谟关于人格观念的起源的论述，是为了说明我是如何理解我自身的，但是如果用第一人称进行描述，他的讨论看上去很像循环论证。我们来看下列推论："如果观察我心灵的内容，我就会发现，我的某些知觉通过相似性原则而联系起来，另外一些知觉则通过因果性原则而联系起来；以这些关系为基础，我的心灵想象出自我这个概念。"休谟的讨论有一个必然要求，即心灵必须反省，获得资料，心灵的观念就建立在这些资料之上。因此，当我们解释我们是如何获得心灵观念时，我们已经预设了心灵的存在。②这个循环论证的关键问题是，我在反省和提出自我观念时，必须意识到自我本身（或我的心灵）吗？因为，仅当这种必要性存在时，休谟的阐述才包含循环论证。只有在这种情况下，我们才需要自我这个概念，以便得出这个概念。但是，据我所知，休谟的论述没有假设这个概念。如休谟本人所言，尽管我们无法证明它们的存在，但我们总是预设对象的存在。毫无疑问，在自我问题上，他也会这么说。

（3）然而，人们还是有充分的理由怀疑他的人格同一性理论是否正确。假如宇宙中曾经有过的所有知觉全部展现在我们面前，我们尽自己最大的努力去追溯相似关系和因果关系，在此基础上，我们才把知觉结合成为自我。我们真的能得出我们所相信的所有的人格观念吗？我们来考察这样一种现象：相同的经验能在不同的人身上产生相似的知觉。我们该如何整理这些知觉呢？这个人的知觉和那个人的知觉存在因果联系，这该如何解释呢？例如，一个轿车鸣笛，把我吓了一跳，而你却讨厌我的突然反应。相似性知觉和因果性知觉这两个链条，似乎超越了人格的界限。这一事实说明，休谟没有真正把握住我们实际使用着的个体化标准，无论这个标准可能是什么。[③]

虚构与休谟的怀疑主义

休谟得出这样的结论：我们具有关于外部对象的观念，关于自我的观念，以及关于其他人的观念，但是，这些观念具有特殊的性质。此前，他已经指出，任何有意义的观念都起源于经验。可是现在，他提出几个我们经常使用，却无法追溯到经验的概念。他并没有说原来的观念论错了，而是说我们必须更深地发掘心灵的原则，进而揭示这些观念的本质。他的理论的确能导致如下结论：我们并不真正理解这些观念的意义。他称这些观念为"虚构"。

休谟并不是说虚构都是错误信念，尽管它们看上去的确像是建立在一些错误信念之上。要解释虚构，一种可信的方法是，把它看成是适用于某种事物的一个观念，它本身却不是来自这种事物。④例如，尽管想象创造外部世界这个概念是为了克服某种心理冲突，但我们却把这个观念用于经验，仿佛我们首先是在那里发现了外部对象。休谟并不认为，我们应当避免使用虚构，即使它们自发地出现在我们心中。不过，他对哲学家们的虚构持批评态度，因为这些概念不是自然而然地通过我们而进入我们的心灵。像我们相信的那样，如果普通人的虚构也是自然而然地进入心灵的，那么，为什么有人会相信双重存在或"实体"呢？哲学家们用这些术语来指这样一种实在，这种实在能够把人们经验到的一些属性结合起来，它们本身却在经验之外。而这些虚构却被用来解决普通人的观点所引发的一些问题。

值得注意的是，在关于外部世界和自我的讨论的最后部分，休谟听起来不像一个自然主义者，却比以往更像一个怀疑主义者。他承认，开始讨论的时候，他想得出这样的结论：我们应当相信心灵的机能。现在，他却抱着不相信的态度："我无法设想，想象的这些无关紧要的属性，在错误假设的作用下，怎么会建立起可靠的、合理的体系。（T 217）"另一方面，他得出怀疑主义的结论，说人类的任何能力都不可靠，这正好挖了他自己的墙角。根据这种观点，理性本身不可信，没有任何方法可供哲学使用。休谟认为，这样的结尾是令人沮丧的。那该怎么办呢？

最幸运的是，虽然理性不能驱散这些疑云，但是自然本身却足以实现这个目标：通过缓和这种心灵倾向，通过某种消遣，或者通过我的感官的生动印象，它能治愈我在哲学上的伤感和亢奋，消除所有这些妄想。我吃喝，我玩十五子棋，我和人们交谈，我与朋友共欢乐……（T 269）

休谟坦白地承认，厌倦了享乐的生活以后，他便打算返回到理智的追求。这一次，他开始研究实际事务了——道德原则是什么？政治和情感的基础是什么？在这个地方，他又一次运用哲学来消除某些人在这一领域留下的迷信思想。他说，迷信会产生危险的信念，而坏的哲学不过是看上去荒谬的（T 270-272）。因此，第二章所讨论的问题又一次出现了，即在什么意义上，休谟是一个怀疑论者；在什么意义上，他是一个自然主义者。⑤

思 考 题

1. 持续存在与独立存在的区别是什么？二者的关系是什么？

2. 休谟解释了对外部世界的信念和自我观念的形成过程。他对这两个过程所作的阐述，有何共同之处？

3. 休谟在他的观念论中声称，想象把来自感官的观念重新组合为一些不同于它们初次进入心灵时的形式。例如，把狮子的头安在马身上。对想象的这种描述，与他所说的在虚构——不是直接来自经验的那些观念——的形成过程中想象所起的作用是否一致？

注释：

① 相邻的知觉，指同时产生或相继产生的那些知觉。休谟也许认为，不同心灵中的知觉也是相邻的。你和我同时或先后产生了各种知觉，因此接近原则，在区分每一个人的过程中不可能发生任何作用。

② 石楚德（Stroud）似乎认为，这一点更值得怀疑。参见其著作，第 130—133 页。

③ 后来，在《人性论》的附录中，即第 633—636 页，休谟对他阐述的人格同一性理论也表示怀疑。遗憾的是，限于篇幅，这里不能讨论他后来的思想。

④ Saul Traiger, Impressions, Fictions, and Ideas（"印象，虚构和观念"），*Hume Studies*（《休谟研究》）13（Nov.1978）：381-399.

⑤ 关于这个问题的详细论述，参见以下文献：Don Garret, *Cognition and Commitment in Hume's Philosophy*（《休谟哲学中的认识与义务》）的第四章（Oxford，1997）。

4

On Hume ———————— 情感心理学

情感的分类

我们知道，休谟的观念论把最生动的知觉分为感觉印象和反省印象。我们已经看到，我们的感觉印象是如何参与形成我们的因果信念，以及我们关于物质世界存在的信念。休谟的兴趣还包括审查我们的反省印象——审查我们的情感、情绪或感觉。我们一定还记得，反省印象是经验，它们来自人们对快乐和痛苦起源的反省，而快乐和痛苦本身都是感觉。例如，某人与我在一起时我常常感到快乐，于是我就反省我这个好朋友的性格的某些方面，一种情绪——对我好朋友的珍爱之情油然而生。一方面，如果我的同事工作出色，我却感觉不舒服（一种痛感），反省她的成绩时，我可能产生嫉妒或怨恨之情。因为人类通常是喜爱快乐的经验，避免痛苦的经验，所以快乐与痛苦的感觉莫名其妙地成为驱使我们行动的力量。因此，休谟关于情感的讨论最后引出关于行为动机的话题，这是完全合理的。

休谟在他的情感心理学中作出两个重要区分，从而划分了情感的种类。首先，他发现，有些情感比较平静，有些情感则比较强烈。这是一种粗略的划分，依据的是情绪在我们身上的表现方式：有些情绪感觉"温和"，有时甚至难以觉察；有些情绪则以较大的力度和强度控制我们。休谟说，平静的情感包括美感和道德感，强烈的情感则包括其他一些情绪，如"爱与恨，悲伤与欢乐，骄傲与谦卑"（T 276）。

我们先来考察平静的情感。我们在思考客体、自然、人格的时候，会做出一些情绪化的反应。根据这些反应，我们进行审美判断和道德判断。就审美判断而言，我们称这种反应能力为我们的美感；就与人们的性格有关的道德判断而言，我们称这种反应能力为我们的道德感。休谟用"平静"来描述这些情感的特征，因为他觉得它们显然是以一种平和的方式被感觉到的，有时它们甚至被误认为理性的"情感"。这是因为某人在理性沉思或理性反省时，显然是心平气和，从容不迫的。而经验到平静的情感的人正是如此。例如，我看到了花园中的玫瑰，它们的存在使我感觉到一种平静的欢乐，这种感觉与我知觉到它们的美有关。根据这种情况，有些人认为审美判断和道德判断是由理性作出的，在休谟看来，这是错误的。（我们将在下一章详细考察休谟的道德理论。）

另一方面，如果我为自己的玫瑰而骄傲，不仅因为它们很美，而且因为是我培育了它们，那么，休谟认为有一种力量伴随着这种自豪感，这种力量促使他认为骄傲是一种强烈的情感。其他的强烈情感莫不如此。例如，我对一个心狠手辣的连环杀手的仇恨，真可谓义愤填膺，所以休谟认为这是一种强烈的情感。我们尚不清楚，休谟对平静的情感和强烈的情感的区分是否建立在强烈性和生动性这两个维度中，这是他用来区分印象与观念的标准，这两种情感的确有相似之处。此外，所有的情感，无论是平静的情感还是强烈的情感，既然是印象而不是观念，就肯定比任何观念更加强烈，更加生动。

休谟为我们的情感作出的第二个区分是直接情感与间接情感。在他的理论中，这个区分所起的作用要大于前一个区分，即平静的情感与强烈的情感的区分，因为这个区分关系到不同种类情感的产生方式。而且，情感能否成为行为的动机显然取决于它们的产生方式，尽管休谟从未表述得这么明确。但是，他在讨论行为的动机时，总要提到直接情感。

直接情感是指那些直接来自对快乐和痛苦的反省，而不涉及其他知觉的情感。这种表述的含义，在我们阐释了它的对立面——间接情感之后，将更易于我们进行描述。休谟所谓的直接情感包括欲望、厌恶、悲伤、喜悦、希望、恐惧、绝望、安全。而间接情感是指通过反省快乐和痛苦而在我们身上产生出来的那些情感，不过，反省必须与其他知觉共同发生作用。间接情感包括骄傲、谦卑、野心、虚荣、爱、恨、嫉妒、怜悯、恶意、慷慨。

间 接 情 感

我们是如何获得间接情感的？在探讨休谟对这个问题的解释时，重要的是牢记。作为一个自然科学家，他的目的是用尽可能少的几条原则，来解释人类心灵的活动。当他追问是什么引发骄傲或谦卑这样的情感时，他是想知道是否存在一种所有相似的情感都具有的东西，它能够为这些情感产生的原因提供一种普遍的解释。如果每一种情感都有各自"独特"的原因，我们就不可能获得任何普遍原则来解释间接情感的起源。他的确发现了情感的各种原因所共有的一种东西，原因与情感之间的因果作用就建立在这种东西之上，这种东西就是"印象与观念的双重关系"。要理解休谟的用意，我们必须首先回顾人性的一个重要特征——心灵具有这样一种倾向，它总是按照相似原则、接近原则、因果作用原则来联结观念。休谟说，心灵以同样的方式，从一种情感或反省印象过渡到另一种情感或反省印象，过渡的基础是感觉的相似性：

○ 　　悲伤和失望产生愤怒，愤怒产生嫉妒，嫉妒产生恶意，恶意又产生悲伤，直到完成整个循环。当我们受到喜悦心情鼓舞时，我们的心灵同样会自然而然地产生爱、慷慨、怜悯、勇气、骄傲，以及其他类似的情感。（T 283）

休谟通过这样一条联结情感的原则，来解释间接情感的起源。

骄傲与谦卑

我们首先来考察骄傲这种间接情感的起源。用最通俗的话来说，如果某件事情为某人带来好的声誉，这个人就会感到骄傲。休谟说，骄傲总是由我们对主体的思考活动而产生的，这个主体既与自我有关，又有令人愉快的性质。二者都是必不可少的。我为自己那个郁郁葱葱的花园而骄傲，为我那美丽的陶器而骄傲，为我那有才华的孩子而骄傲。如果这些性质不能使人愉快——如果这个园子里百花凋零，如果这件陶器豁口昭然，如果这个孩子举止粗野——我就不可能为这些主体而骄傲。此外，如果这些主体与我无关——如果这是别人的花园，如果这是某个陌生人的陶器，如果这是一个来往很少的人的孩子——我就不可能为这些主体而骄傲。于是我们知道，骄傲的原因是一个观念，这个观念包含两个部分，即性质和主体。在"我那个郁郁葱葱的花园"里，主体是花园，性质是它那郁郁葱葱的花草树木；在"我那有才华的孩子"那里，主体是我的孩子，性质是她的聪颖天资。而且我们知道，性质的观念产生快乐，主体的观念则与自我观念有关。在关于花园的例子中，郁郁葱葱这种思想令人愉快，花园的观念又通过因果关系（我培育了它）或所有关系（它属于我）而与我相关。在关于我孩子的例子中，想到她的天资是令人愉快的，而我的孩子这个观念又通过因果关系（我生养了她）与我相关。

再来考察骄傲这种情感本身。休谟发现，骄傲的感觉包含两个特征。第一个特征是，骄傲的对象是自我。我可以为我的孩子而骄傲，正如我可以为我的花园而骄傲，我的孩子在这里是骄傲的主体，而非客体。骄傲是这样一种情感，它总是把心灵引向一个自我观念，由此看来，自我是骄傲的对象。休谟强调，自然已经把自我观念"赋予"这种情感，正如食物的观念总是伴随着饥饿的感觉（T 287）；休谟所说的骄傲的第二个特征是，骄傲本身是一种令人愉快的感觉。所有的情绪都以一定的方式建立在快乐和痛苦之上，甚至是快乐和痛苦的表现形态。如果一种情绪与痛苦相联，那么把这种情绪当作骄傲便毫无意义。我们必须注意，骄傲的快乐是一种独立的快感，它与产生骄傲的主体性带来的快乐有别。

　　然后，休谟根据他所谓的印象与观念的双重关系，描述了骄傲的产生方式。骄傲的原因（性质加主体）与一个自我观念相关，能产生快乐的印象。骄傲的结果，即骄傲本身，也与一个自我观念相关，能产生其他快乐的印象。因为人的心灵倾向于从一种知觉过渡到另一种与它相似的知觉，所以这些关系是通过下列方式来促进情感的形成的：当我想到自己那件好看的陶器，自我观念，作为与该陶器相联结的那个自我，会把我的心灵带给另外一个自我观念，这个自我观念是骄傲感的对象（所谓观念的联结）。同样，我从那件陶器的美的属性中所感受到的快乐，使我的心灵过渡到类似的快感，这种快感构成骄傲的本质属性（所谓印象的联结）。原因与结果具有双重关系，心灵联结的两条线路都有助于骄傲感的产生。总之，"能产生快感，而且与自我相关的任何东西，都会激发骄傲的情感，这是一种愉快的感觉，并且以自我为对象"（T 288）。

　　这种解释同样适用于别的间接情感。谦卑是骄傲的对立面，二者常常被当作相反的一对。骄傲与谦卑的共同点是，它们都以自我为对象。然而，骄傲是一种快感，谦卑则是痛感。二者的主体相似，因为它们都与自我相关。但也有不相似的地方，因为谦卑的主体的性质会产生不快。例如，在听录音机时，我发现一种讨厌的声音，后来才明白，那是我自己的声音。我感到羞耻，因为事情的原因，即杂音，与我相关，它那种令人生厌的性质使我产生了痛感。这个自我观念，即杂音的发出者，把我的心灵引向那个作为谦卑的对象的自我观念。不仅如此，而且我心中产生的痛感类似于情感的痛苦。就谦卑而言，与我相关的一个主体的令人不快的属性能产生这种情感，它本身就令人不快，而且以我本人为对象。因此，谦卑的分析与骄傲的分析相似。

爱与恨

休谟分析的另一对间接情感是爱与恨。爱与恨有别于骄傲与谦卑，休谟说，前者的对象总是别人，即不同于自我的他人，我们无法直接认识他们的思想、行为和感觉。休谟这样写道：

> 我们的爱和恨总是指向我们以外的某个可以感觉的存在者。当我们谈到自爱时，爱在这里并非其本意。而且，自爱产生的感觉与朋友或情人所唤起的那种柔情毫无共同之处。恨的情感也是如此。我们会为自己的过失和愚蠢感到羞愧。但是，只有来自他人的伤害，才能使我们感到愤怒或憎恨。（T 329-330）

我们对别人的情感确实不同于自爱。有人可能会问，真正的愤怒或憎恨是否也直指自我。进一步说，即使休谟从他正在讨论的情感分类中排除了自爱和自恨，他在这里所探讨的爱与恨的意义实际上已经涵盖了较多的情感范畴，超越了我们通常所指爱与恨的情感范畴。

休谟指出，激发爱的属性很多，恨也同样如此。我可能喜爱某人，因为他或她机智、敏捷、幽默、品德高尚、知识渊博、美丽、灵巧。但是休谟说，我也可能喜爱这样一个人，因为他或她有一笔财产、财富或遗产。反过来，我可能憎恨某人，因为他或她有一些与此相反的特征，他或她愚钝、琐细、恶毒，或者丑陋而贫穷。休谟这里论及的情感种类，既不是狭义地局限于朋友之爱或伴侣之爱，也不是局限于对敌人的仇恨或情人之间的蔑视。爱包括敬重、仰慕之情；恨包括鄙视、非礼之举（T 357）。我们可能反对说，容貌出众、财富或社会地位不是爱或恨的真正根源，但是我们应该记住，休谟是在描述人性，而不是在探索改良人性的方法。一般来说，富人、名人以及相貌出众的人，就比寻常百姓享有人们更多的敬意。

印象和观念的双重关系也能产生爱与恨。爱的起因是一种与他人相关而又令人愉悦的主体性。爱慕者的爱令人愉快，而且以他人为对象。例如，我爱我的好朋友，因为她心地善良，脾气温和。这些特征与我朋友的关系，以及它们在我心中所产生的快感，促进了这种爱。它们引发一种以她为对象的愉快的情感，即爱。当然，恨的产生方式与此类似，不同的是，主体性（原因）令人生厌，恨的感觉本身就是如此。

休谟所发现和分析的爱与恨的一个有趣特征是，它们都有其他情感相伴，骄傲与谦卑就不是这样。与爱相伴的，总是对所爱之人的幸福的企盼，对她或他不幸的憎恶；与恨同行的，总是对所恨人的不幸的期待，对这个人幸福的憎恶。休谟将上面两种情感分别称为慈善与愤怒。这里的讨论之所以具有比较重要的意义，是因为休谟主张，骄傲与谦卑、爱与恨本身不是行为的动机，慈善与愤怒却构成行为的动机。所以，我们拥有的行为动机感总是和爱与恨相伴。那么，行为动机感是什么呢？它具有什么重要意义呢？

休谟研究情感心理学的原因之一，是为讨论行为和道德做准备。在把讨论从我们能够认识什么转向我们如何感觉事物时，休谟已经步入实践哲学的领域。虽然他的观念论和他对信念的分析，与行为（休谟说得对，即使世界这个信念包含虚构，我也不会放弃这个信念）没有直接的关系，但是他的情感理论确实具有实际意义。情感是我们的感觉，休谟努力论证的观点之一是，感觉是行动的必要条件。他认为，追求某些东西，躲避另外一些东西，是我们行为的终极原因。其他许多哲学家和普通人也都同意他的观点。追求和躲避是我们行为的原因，因为它们能驱使我们奔向吸引我们的那些目标，躲避令我们不快的那些目标。行为的原因被称为"动机"。当我们追问，是什么引发了一种行为时，我们想要知道的是，什么东西促使行为者采取那样的行动。所以，引发行为的这些追求和躲避就是行为动机。追求和躲避不过是一些感觉或情感，因此我们至少可以说，某些情感就是动机。道德研究，即讨论行为规范的那个思想领域，便与情感的研究联系在一起。一切行为皆始于动机，而动机是情感。那么，如果道德准则能规范人们的行为，它们就必然要影响到我们的情感。

在这部分讨论中，当休谟在谈论慈善和愤怒等动机时，能理解他是在论述一些可能产生的行为，但并不总是产生行为的心灵状态，这是很重要的。某人会有某种动机，却可以不那么做。我可以盼望我所讨厌的那个人倒霉，却可以不按照这种企盼采取行动。我这种期望完全可能与我的其他更强烈的动机，如待人友善或明辨是非，发生冲突，这些更为有力的动机会促使我避免伤害他人。一切行为皆有动机，但是并非一切动机皆导致行为。动机是"推动力"，但是我们并非总是根据它们而行动，就是说，假如与它们竞争的其他推动力更为强大的话。

所以，爱与恨在间接情感中具有特殊意义，因为它们总是自然而然地与慈善或愤怒一同出现。但是，有什么证据可以表明，这里出现了四种而不是两种感觉呢？为什么爱不仅仅是期待他人幸福，恨也不仅仅是期待他人不幸或倒霉呢？休谟提供了一个典型的经验主义的回答：我们可以设想没有慈善的爱，也可以设想没有愤怒的恨。如果它们可以在思想中分开，它们就是不同的心灵状态。我们知道，对他人幸福的期望，不过是来自我们对他人幸福的思想活动。我们完全可以爱一个人，即使他的幸福尚未出现在我们心中。我们也完全可以恨一个人，即使我们尚未想到哪些东西不合他的口味。所以，爱与恨完全可以存在，而无须动机伴随，即使这些动机最终能够实现。他还补充说，慈善伴随爱，愤怒伴随恨，仅仅是偶然的事实。在这些感觉观念中，根本不存在这样一种东西，它能改变大自然所做的安排，而让别的愿望产生出来（T 367-368）。这些联系完全是我们本性的写照。

直 接 情 感

直接情感是指那些直接来自快乐和痛苦的感觉的情感。（休谟后来为这个定义增加了一种限制，随后我们将讨论这种限制。）这就是说，直接情感的产生，无须引入自我观念或其他观念。一个对象可能使我们快乐，也可能使我们痛苦，我们仅仅是以不同的方式感知它们。休谟认为，直接情感包括欲望和厌恶，悲伤和欢乐，希望与恐惧。因为我们自然而然地追求使人快乐的事情，躲避使人痛苦的事情，所以当我们获得一种直接情感时，我们就获得了趋向或躲避某个对象的一种动机。换言之，直接情感是行为的动机。

我们来看几个例证。我喜欢巧克力冰激凌的味道，所以现在我就想吃巧克力冰激凌；姑姑的逝世使我痛苦，所以我感到悲恸；我侄子的出生是一件令我愉快的事情，所以当我听到嫂子说她怀孕了，我就感到高兴；我最近的一篇论文，读者的反应让我高兴，因此我希望我现在写的东西也能收到同样的效果。然而，评论家的意见使我不快，于是我担心我现在的写作也会招致同样的批评。人们很容易发现，诸如此类的情感是以什么方式直接来自快乐和痛苦的感觉的。这些情感驱使我们追求那些能使我们觉得愉快的东西，躲避那些能使我们觉得痛苦的东西，当然，这并不意味着我们总是根据当下的刺激采取行动。尽管我不愿想到姑姑的死，但我还是参加了她的葬礼，因为我对她的敬重超过了这种不情愿的想法；尽管想吃冰激凌，但我还是没有把手头的冰激凌都吃光，因为我还有一些与此相反的有力的动机，比如，我希望健康。

除了关于直接情感的总体性描述，休谟还做了一个特别的声明。他写道：

> 除了善与恶，换言之，除了痛苦与快乐，直接情感常常来自我们根本无法说明的一种自然的冲动或本能。这种自然的冲动，包括使我们的敌人遭受惩罚，使我们的朋友享受幸福的愿望，以及饥饿、色欲等肉体欲望。严格地说，这些情感能够产生善与恶，而不是像别的情感产生于善与恶。（T 439）

与在其他许多地方一样，休谟在这里把快乐等同于自然的善；把痛苦等同于自然的恶（道德上的善与恶，可能是另外的东西）。由于某种原因，他认为，用来解释其他种类的直接情感的那些普遍原则并不适用于上述这些直接情感，就是说，它们直接来自快乐或痛苦。我们直接具有这些情感。在其他地方，他还在这张无法解释的情感的清单上，加上了慈善与愤怒，对生命的爱，以及对孩子的关怀（T 417）。可是，这些情感为什么无法解释呢？

　　休谟好像是这样想的：慈善的人希望别人幸福，即使别人不一定是他们的快乐之源。他们只是盼望别人幸福；热爱生命的人就是热爱生命，无论生命中的快乐是否大于痛苦。反之亦然；关心孩子的人就是关心孩子，无论他们是否认识那些打动了他们的心，使他们倾注了关爱的孩子们。饥饿来自我的内部，而不是来自我在别的对象那里所感知到的快乐或痛苦。其他的"原始本能"，莫不如此。

动 机 理 论

　　哲学家们长期以来一直在争论这样一个问题：我们之所以讲道德，是因为我们服从理性，克服了许多情感的缘故吗？情感在道德生活中是否也发挥一定的作用呢？休谟的心理学研究为找到答案铺平了道路，因为要理解什么样的准则可能影响、改变或规范我们的行为，就必须首先理解动机是如何驱使我们行动的。既然我们认为道德价值或道德准则无论如何会影响我们的行为，那么，它们肯定是一种能引起人类行为共鸣的东西。休谟已经暗示过自己的论点，一切行为皆以情感为动机（意思是说，道德只有作用于情感，才能影响行为）。然而，他必须反驳当时流行的一种理论。这种理论宣称，动机的形成只靠理性，而无须情感。如休谟所言，人们经常谈到理性与情感的冲突，认为他们的行为如果服从理性的命令，他们就是有道德的（T 413）。这种观点主张，如果反省道德，我们就能推断出我们应该成为什么样的人，我们应当如何生活。换言之，这种观点认为，道德的基本原则是一些理性原则。一旦我们发现这些原则，它们就有望影响我们的动机，但是，我们的情感却阻碍理性的命令。一些古代哲学家①以及休谟的同时代人，②都坚持这种论点。休谟却认为，这种观点包含两个错误。他将证明，（1）理性不可能单独作为行为的动机；（2）在行为取向的问题上，理性绝不可能反对情感。休谟在后来的讨论中，还考察了道德命令能否来自理性的问题。解决上述问题的步骤之一，是弄清楚什么促使我们采取行动。

理性不能单独作为行为的动机

为什么理性不能单独作为行为的动机？休谟提出如下论

述。我们知道，"理性"是指联结观念的两种方式之一：证明或因果推论（参见第二章）。他逐个考察了这两种方式。

证明就是利用观念之间的关系进行演绎推论，而观念之间的关系是陈述概念的联系方式的必然真理，例如，正方形不是圆形，4加5等于9。既然证明与概念有关，不用考虑，所以休谟认为，它不能作为我们行为的动机，因为行为与我们的目的有关，我们想改变对世界上事物的感知方式。数学适用于世界，因为力学或商人用它来解决实际问题。但是，仅仅了解数学真理，而没有任何目的或目标，是不会产生行为冲动的。

因果推论能否单独为我们的行为提供动机，鞭策或推力呢？要知道，因果推论探讨世界上的有意义的联系，能够使我们形成对世界的存在方式的信念。来自因果推论的事实信念，能否以某种特殊的方式为我们提供行为动机呢？我们来看下列例证：我认为，天要下雨。看来，这个信念能促使我在外出的时候带上一把雨伞；我刚刚锻炼完身体，认为冰箱里有冰好的水，这个信念能够促使我走到冰箱跟前，拿出水来喝个痛快。如果是这样，因果推论就能够单独作为我行为的动机。但是，休谟注意到，如果某种行为动机所要实现的目标——避免在雨天淋湿，或者运动以后喝水止渴——对我们没有多少吸引力，这些信念就不会在我们身上产生任何实际作用。他把这种吸引力追溯到人性当中我们都很熟悉的一个方面——趋乐避苦。上班路上被倾盆大雨浇透，是一件令人不快的事情，因为我必须整天穿着这些湿衣服，感觉凉冰冰的；运动之后口干舌燥同样是一件令人不快的事情，这时若开怀畅饮，实为一大快事。

当我们被某物吸引时，理性便会勾勒出与此事相关的事物。然后，我们的兴趣经过因果关系扩展到与当初事物相关的其他事情上。休谟认为，我们可能被这样的事实所愚弄。从表面上看，这种吸引力似乎来自理性，实际上，理性只能为我们提供关于因果关系的知识。如我不想淋湿，理性会告诉我带上一把雨伞，就能实现我的目的。但是，理性不能告诉我应该具有什么样的目的或目标。它只能为我提供这样一则因果信息：打上雨伞能使衣服保持干燥。与此相似，因果推论只能告诉我什么办法能够解渴，却不能为我提供刚才那种喝水的愿望。休谟这样写道：

由于能够预见快乐或痛苦，所以我们才能就某个对象产生爱好或厌恶。这些情绪自身会作用于这个对象的因果关系，由于这些关系已通过经验和理性向我们作出了指示。如果原因和结果与我们无关，我们就绝不会去关注和认识这些对象是原因，那些对象是结果。如果对象本身不影响我们。它们的联系也决不会对我们产生任何影响。很显然，理性只能发现这种联系，对象却绝不会影响我们。（T 414）

如果因果信念所涉及的世界万物与我们无关，它们就不能对我们的行为产生任何影响。我的家在美国的加利福尼亚，那里和英国伦敦存在 8 个小时的时差。对我来说，了解这一点没有多少实际意义，除非我参加的某个活动与这条信息有关。关键在于必须有我关心的事情、我的爱好或某种有吸引力的东西，也就是与我的行为有关的一些实际信息，在此基础上，它们才能作为动机在我身上发挥一定的作用。我们已经知道了休谟对这个问题的回答，在他看来，人们的注意力或动机起源于情感。我们知道，直接情感要么直接来自快乐和痛苦，要么就是能产生快乐或痛苦的本能倾向。我担心被雨淋湿，这种关注可以作为前者的例证；我觉得口干舌燥，这种感觉可以作为后者的例证。担心、口渴等情感，能够提供不可或缺的刺激，这是理性信念无能为力的。

理性与情感是否对立？

休谟提出的关于动机的第二个论点是：就某人的行为取向而言，理性与情感决不会彼此对立。通常认为，理性可以告诉我们，在购买我们并不真正需要的任何东西之前应当偿还我们的债务，情感却驱使我们购买这台立体声音响。休谟认为，这种观点包含一个逻辑错误，就是说，理性并非与情感对立。首先，他提出这样的问题：某物要想反对情感，必须具备哪些条件？情感能产生一种开始运动的推力，这是一种内在的力量。某物得以反对情感的唯一方式是，在相反的方向形成一种动机。但是，我们已经看到，理性根本不能产生任何动机。如果理性不能产生行为的动机，它同样不能反对来自情感的任何冲动（T 414-415）。

还有一条途径可以得出同样的结论。人们可以追问，某物要反对理性，必须具备哪些条件。休谟把理性的功能定义为发现真理，揭示谬误。其实就是说，理性能够为我们提供具有认识内容的心灵状态。换言之，理性能为我们提供具有信息的心灵状态，或者，为我们提供能够反映世界的存在方式的心灵状态。理性赋予我们信念，信念能够正确地或错误地反映世界。因此，反对理性的那种事物必须具有认识内容，必须提供与某些理性赋予的信念相反的信息。但是，休谟认为，情感不能反映任何事物："情感是本原性的存在，你也可以称之为存在的变形。所以，它没有任何表象的性质……（T 415）"对我来说，愤怒的感觉丝毫不会比饥饿的感觉或口渴的感觉能够为我表象一种更完整的事态，即使我的怒气是建立在某人已经做了某事这个信念之上。

休谟的反对者可能会问，如果你对某人大发雷霆，实际上，他并没有做任何冒犯你的事情，在这种情况下，难道你就感觉不到一种不合理的情绪吗？休谟的确承认，我们有一种非学术的讨论情绪的方法，在日常交谈中，我们认可这种说法。但作为哲学家，我们不得不承认，这种说法不准确。如果情感与错误信念相伴，我们往往会说这种情感是不合理的。这种情况可能表现为以下两种方式之一：（1）情感建立在关于对象的假设之上，这些对象其实并不存在；（2）我们就情感所提供的方法与目的做了错误的因果推论，以不适当的手段来实现我们的目的（T 416）。我们将逐个考察有关例证：（1）一个小孩读了关于独角兽的故事，就会希望有朝一日她能看见这个东西。她的希望，一种休谟所谓的情感，建立在一种虚妄的存在假设之上。严格说来，这个存在信念是不合理的；（2）我想（另外一种情感）买一件价格优惠的家具，于是就盯上了城里那家最高档的家具店，全然没有意识到它并不提供优惠价。我选择的手段不足以实现我的目的，因为我的信念是虚妄的。但是，去这个家具店的愿望本身并非不合理，休谟说，是那个信念不合理。

但是，在这个地方，休谟必须回应另外一种质疑：如果行为的动机总是来自情感，那么，为什么来自理性的信念，有时仿佛也会使我们的情感出现和消失呢？如果信念能使情感出现和消失，它们就完全能通过控制我们的情感产生动机。例如，我特别想吃我最喜欢的那种三明治，于是就到我办公室隔壁的一家熟食店去买。让我失望的是，那里的店员告诉我，那种三明治已经不卖了。根据这种情况，我改变了自己的选择，在那家店里买了另外一种三明治。一位母亲发现，孩子不见了。她害怕，孩子在林荫道上被人绑架了。后来，她的恐惧变为欢乐，因为警察局打电话告诉她，孩子是在附近的一个公园被发现的，安然无恙。从这两个例子来看，信念似乎在支配情感。

休谟根本不承认这一点。他说："理性是，而且应当是，情感的奴隶。除了服务和服从情感，它决不能妄称还有其他作用。（T 415）"这怎么可能呢？从表面上看，信念似乎能够改变我们的情感。首先，我们应当牢记，休谟本人多次强调，信念具有实际意义，能够影响我们的情绪（参见第二章），如恐惧变为欢乐的那个例证所示。不过，他并不认为，这一点与他的总论点，即理性服务于情感，有任何抵触。这是因为，在任何情况下，我们总能发现一些本原的情感，它们的产生方式与直接情感相同（没有理性参与），信念通过它们而发挥作用。当我得知最喜欢的三明治不再卖了，我对这种东西的渴望不一定就会消失。但是，我选择了其他三明治，这是因为我首先产生了想吃东西的欲望，于是，我选择了这家熟食店的另外一种东西，从而满足了我的食欲。换言之，我所具有的可以买到什么样的三明治的信念，促进了我的食欲。在母亲的担忧转变为欢乐的例子中，如果她本来就不关心自己孩子的幸福，她就不可能产生这里所说的任何一种情感。她的信念之所以会影响她的情绪，正是因为她怀有深藏在内心的情感，这种情感并非起源于理性。休谟认为，如果我们思想深刻，我们总能发现，情感是我们行为的起源。③

对休谟的动机理论的几点评价

休谟的动机理论含有一个惊人的言外之意，也就是，严格说来，称某些行为是合理的或不合理的，这种说法毫无意义。既然行为是由情感引起的，情感却不能这样来评价，所以我们没有任何理由把合理的或不合理的这种说法用于行为。然而，这并不是说，我们不能对行为作任何评价。行为毕竟是道德判断的对象，我们将在下一章讨论这个问题。

在阐述动机的过程中，休谟指出，理性只能为我们提供事实信念，这些信念能够帮助我们思考：如何才能获得我们的情感对象。这种观点被称为实践理性的"工具主义"理论。实践理性的理论所探讨的是，我们是以什么方式来研究我们应当做什么这个问题的。"工具主义"这个名称来自这样一种观点，这种观点认为，理性的产物，即信念，是工具或用具，它能帮助情感实现其目的。但有些哲学家可能说，把工具主义当作关于"实践理性"的一种理论是不准确的。有些哲学家则认为，理性也是实践的。他们强烈反对休谟将理性分为证明的理性和因果关系的理性两类。与此相反，他们这样分类："理论理性"为我们提供关于概念之间关系的信念，以及关于世界的信念（休谟只用了这两个范畴）；"实践理性"为我们提供我们应当做什么的结论。当这些哲学家说"实践理性"能够告诉我们应该做什么时，他们的意思是，"实践理性"能够告诉我们应当追求哪些目标，而这些目标并不仅仅是由情感提出的。在休谟看来，理性决不会为我提供这种形式的信念，如"我应当去做A"。相反，理性能够为我们提供这样的信念，如"X是Y的原因"。如果这个信息有助于获得情感的对象，我就使用它。但是，我是否使用这条信息，却与合理性无关。

休谟的反对者主要是根据自认为来自理性的两个标准，即道德标准和谨慎标准来衡量行为的。因为休谟将在另外一个地方讨论道德问题，我们现在最好不谈这个话题。但是，他的动机理论涉及了谨慎的问题。谁都承认，谨慎是这样一种特性，它能使人考虑到自己的长远利益。所以，谨慎是做一些我现在真的不愿做的事情，比如锻炼身体，或者做牙根管填充手术，因为从长远看来，做这些事情对我有益。许多哲学家理所当然地认为，做长远看来对自己有益的事情，保持谨慎，是合理的；违背长远的自身利益则是不合理的。无论如何，长远的自身利益有利于更好地生存，这是有生命的事物自然会追求的一个目标。根据这种观点，实践的合理性旨在（部分地）告诉我们，为了实现长远利益，我们应当做什么。（也有人认为，实践的合理性旨在告诉我们，从道德上讲，我们应该做什么。）休谟的回答是这样的：

○　　　宁愿毁灭全世界而不愿伤害我的手指头，这种做法并不违反理性。为了防止一个印第安人或一个我根本不认识的人可能造成的些许不快，我宁愿毁灭自己，这样做并不违反理性。即使我很清楚这是选择了较小的幸福，而放弃了较大的幸福，但这种做法也不违反理性……（T 416）

休谟为什么要讲这一番异乎寻常的话呢？其实，反对者的回应与他所捍卫的那个结论是一致的：无论如何，爱好（情感）决不会反对理性。但我们根据这些爱好而选择的行为，也不会反对理性。这并不是说，这种做法，即宁愿毁灭全世界而不愿伤害自己的手指，不是恶，而是说，这并非是理性可以评价的事情（意思是说，某物的善恶不是由理性决定的，我们将在下面讨论这个问题）。

自由与必然

关于行为动机的理论，引出了人类是否自由的问题。自从哲学诞生以来，自由与决定论的两难推理就一直存在。如果宇宙中的任何事件都有原因，而人类的行为也是一种事件，那么，人类的行为也有其原因。我们认为，原因必然引起结果。如果我们的行为有原因，我们就不得不把它们看作是必然要发生的。看来，我们必须相信，除了现在这种做法，我们别无选择。另一方面，我们相信自己是自由的，我们能够选择自己的行为。就是说，在我们看来，除了现在这种做法，我们本来可以选择其他途径。但是，如果认为我们本来可以选择其他途径，那么，我们就不能把我们的行为看作是有原因的。由此看来，要么人类的行为取决于科学宇宙观，认为自己是被决定的；要么我们就认为，自然规律也有例外，人类是自由的。

休谟认为，如果我们习惯了某些事件的恒常联结，心灵决意要从一个事件的知觉过渡到另一个事件的知觉，那么，必然性的观念就会出现。我们就是这样来理解自然界的必然事件的。休谟说，如果观察我们自己，我们就会在动机或性情与行为之间发现相似的恒常联系。由于他不能透视任何人的心灵，以便观察他们的动机，因此就把自己的论点建立在群体与行为之间的相互关系之上。他主张，不同的民族、年龄群体及性别群体，会表现出不同的行为规律。这些规律的覆盖面究竟有多大，则是一个聚讼纷纭的话题。有人认为，这种方法会产生出危险的陈旧观念。但是，休谟所讨论的一些相互关系无疑是正确的。年轻人的行为往往是果敢无畏，无所顾忌，年龄大一些的人的行为则比较稳重，很少冒险。女性的交流方式往往区别于男性，性心理与性行为之间无疑存在某种联系。重要的是人性中存在着一种能在众多事件中归纳出同类因果推理的特性。因此，休谟说，"被人们经验到的同样的联合会在心灵上产生同样的效果，无论被联合在一起的对象是动机、意志和行为，还是形状和运动"（T 406-407）。我们必须把行为看作是有原因的。

在休谟看来（别人也是这样认为），如果我们的行为不是必然的，它们就没有原因，没有原因就意味着肆意妄为，听天由命（T 407）。但是，如果行为纯属偶然，它们就与采取这些行为的人毫无关系。如果它们不是由他或她的动机（或者其他的事情）造成的，那么我们怎么能将它们与行为者联系在一起呢？如果我们说这个人的动机产生了她的行为，而任何东西都不会产生动机，那么，动机就变成一些无法解释的包括行为者都不能控制的心灵状态。休谟的结论也许令人不安，但是，根据自然界的规律来寻找问题的答案是休谟的目标。由此看来，他得出的结论是正确的。

他确实承认，如果将自由界定为不缺乏因果性，那么，主张我们是自由的就会受到攻击。如果把自由行为定义为一个人有能力做出的一种行为，假如他或她愿意那样做，那么，这就意味着行为是自由的。[④]这个定义并不否认选择也是有原因的，因此，它与休谟的论点并行不悖。但是，一切行为皆始于动机。如果休谟是正确的，动机是以他所描述的那种自然方式而出现在我们的心灵，那么，能够自由地选择动机的说法就毫无意义。从某种意义上说，我们的本性决定着我们的动机。但是，提倡人类自由的大多数学者，都会反对这种阐述，认为它没有理解我们是自由的这一命题的真正含义。许多哲学家都得出这样的结论：自由是一个谜，要揭开这个谜底，我们只能诉诸超越经验和自然规律的理性思辨。

思 考 题

1. 休谟从未解释，为什么直接情感是动机，而间接情感却不是。你能否提出一种解释，来说明他为什么这样认为？

2. 休谟所谓的行为"动机"是什么意思？

3. 休谟有句名言（常常被误解）："理性是情感的奴隶。"请解释其含义。

注释：

① 例如，柏拉图就提出了这种理论。

② 近代早期的道德理性主义者包括克拉克（Samuel Clarke）和沃拉顿（William Wollaston），康德（Immanuel Kant）后来也持这种观点。

③ 关于这个问题，柏尔（Annette Baier）在《情感的进步：休谟的〈人性论〉研究》（*A Progress of Sentiments*：*Reflections on Hume's Treatise*，Harvard University Press，1991）第七章，对休谟提出了不同的解释。

④ 他的这个观点表述在《人类理解研究》（EHU 95）中，《人性论》却没有提出明确的讨论。第一《研究》把自由和决定论的两难推论描述成一种语言上的争论：我们是否自由，取决于我们如何定义这个术语。侧重点的这种变化，也许是为了吸引读者，以便使他们更积极地关注第一《研究》中的问题。

5

On Hume ———————— 道德实践

17、18 世纪的道德哲学，卷入了依据什么进行道德区分的争论：应该根据我们本性中的理性部分，抑或感性部分进行区分呢？换言之，对与错、好与坏的区分，是我们理性推理出的呢，还是只有诉诸感觉，才能做出呢？我们或许会觉得奇怪：如果最重要的是知道我们应该做什么，那么，谁会关心这个问题呢？但对问题的关心，却对知道应该做什么有重要意义。如果单凭理性我们就能得出道德结论，那么，就本质而言，道德肯定是理性范围内的某种东西，这种东西无须关于当前事态的经验，而仅仅存在于普遍的、绝对的法则之中。另一方面，如果需要感觉或知觉，那么道德就成了某种偶然的、从属的东西，它要么依赖于人类知觉和感觉（人类的构造）的方式，要么依赖于世界的结构（能被感知到什么）。这种讨论不会使我们触及道德内容，例如，撒谎是不是错的。但是，这些问题的研究所取得的进步，却使我们接近了一些具体答案。它们都是道德伦理学或规范伦理学范围内的问题，因为它们追问具体的道德准则是什么？它们如何运用于具体情况？探讨道德区分的本质问题则构成元伦理学，因为其研究领域包括所有的道德实践。休谟首先讨论元伦理学的问题，然后讨论道德实践的问题。后者以前者为基础。

对于人们正在争论的元伦理学问题，休谟是这样表述他的疑问的："在区分德行与恶行时，我们所依据的是我们的观念，还是我们的印象？"德行和恶行，是我们用来讨论好的性格特征和坏的性格特征的术语。休谟认为，虽然我们只能观察到别人的行为，然后以它们为动机的标志，但我们的道德评价终归是关于性格的评价。换言之，性格特征就是动机，就是一个人日常行为的动机。这时，当休谟问我们在区分德行和恶行时是根据观念，还是根据印象，他不是问，德行或恶行的观念是否来自经验。因为我们已经知道，一切合法的观念（而非虚构）都源于经验，都是印象的摹本。相反，他是在问，我们获得观念之后，是否就把恶意看作恶行，善意看作善行之类的结论看成是我们独立使用理性的结果，抑或需要经验的参与。我之所以把恶意看作恶行，仅仅是因为我考察了恶意和恶行这些观念呢，还是因为感性内容促使我做出了这个判断？

道德区分并非唯由理性做出

塞缪尔·克拉克，曾主持玻意耳讲座（1705 年）[①]，是一位影响较大的理性主义哲学家。他与休谟的观点针锋相对：

> 有人主张，德行只是与理性符合；事物具有永恒的适当性与不适当性，对于每一个能思考这些性质的存在者来说，事物的属性保持不变；永恒不变的是非标准，不但使人类，而且使神本身承担了一种义务……（T 456）

克拉克认为，宇宙具有一种理性结构，有些事件符合这种结构，相反的事件则不符合。从道德上说，与理性相反的行为是错误的。既然这种结构是合理的，理性就能发现它。例如，促进所有人的幸福比毁灭别人的幸福更合理，在理性看来，这是显而易见的；挽救一个无辜者的生命比无缘无故地杀死他更合理，对我们来说，这一点无须经验便已昭然若揭。但是休谟问，我们能否单凭理性，就可以做出道德判断？他提出以下简单论证：（1）理性决不会单独作为行为的动机；（2）道德规范能够激发情感，推动或阻碍人的行为。就是说，它们具有推动力；（3）因此，道德不可能单独来自理性（T 457）。那么，这两个前提条件靠什么成立呢？

（1）在休谟的动机理论（第四章）中，我们已经了解了他为第一个论点所做的广泛论证。总之，理性不能作为动机，因为它是心灵的一种功能，这种功能可以发现真理和谬误，使我们产生能够获得信息或知识的心灵状态，即产生我们关于世界的信念。但是，这种信息不会影响人的行为，除非它与一种引起行为动机的情感联系起来。所以，理性单靠自身，并不能产生动机，也不能引发行为。

（2）休谟用来反对道德理性主义者的第二个前提是，"道德规范"能够影响我们的情感和行为。无论"道德规范"这个术语多么含糊不清，为了提出一种有效论证，休谟的思路肯定是这样：当我们认可某个具体特征是德行或恶行，某个具体行为是正确或错误时，它会让我们接近或躲避这个特征或行为。换言之，我们进行道德区分时，就已经产生了行为动机。此外，休谟肯定还想说，我们判断正确与错误的行为本身就是一种行为动机，而无须立足于某人已经产生的某种欲望，例如，征得他人同意的愿望。因为在这种情况下，提供行为动机的，可能是征得同意的那种愿望，而不是道德。如果把休谟的第二个前提理解为道德和欲望共同产生行为动机，那么，他就不可能得出自己的结论。在这种情况下，有人可能主张：（A）尽管理性不能单独作为行为的动机，但是，通过联结它所产生的信念和欲望，它仍然能推动人的行为；（B）道德区分也是通过与相关欲望的联结而推动人的行为的；（C）所以，理性完全可以作为道德区分的起源。为了反驳这种观点，休谟必须在他的前提中强调，我们的道德区分可以单独作为行为的动机。为了证明第二个论点，休谟说，"日常经验已经证实了这一点。经验告诉我们，人们常常受到他们所肩负的义务的支配。不义的谴责会使他们远离某些行为，义务的要求则会使他们趋向另外一些行为"（T 457）。

如果理性不能单独作为行为的动机，而我们做出的道德区分可以作为单独的行为动机，那么，在休谟看来，这是否意味着道德区分不是理性的产物呢？我认为，他的结论能够成立。就是说，他的论证是有效的，大多数读者都这样认为。（这并不是说，所有读者都认为这个论证的前提都是真的。）这个结论隐含的意思是，说某个行为在道德上是对的或错的，说某个人是善的或恶的，并没有就这些行为的合理性做出任何评判。恶行与不合理不是一回事。

竭力主张道德，即推论正确的那些人，混淆了指导行为向其目标迈进的观念与目标本身。我可以用两种方式做出愚蠢的判断，这些方式可能使别人认为我的行为是不合理的。（1）我对获得我想要东西的最佳方式的判断可能是错误的。例如，我可能选择一条迂回的不方便的线路到达目的地，因为我不知道还有更近的路；（2）我可能把对象理解错了，以为它具有某种性质，其实不然。例如，我可能在某个苹果上咬一口，以为它已经熟了，其实没熟。某人可能会说，在这两种情况下，我的行为都是不合理的，因为我本来可以知道得更多。但是休谟说，这种不合理性不是存在于目的之中，而是存在于我对达到目的的手段所做的评价之中。无论如何，我想尽快赶到医院，我想吃苹果，这些愿望决不会是不合理的。因此，当我们说某个行为不合理时，我们真正的意思是，错误信念与这种行为相伴。因此，严格说来，不是行为不合理，而是信念不合理；其次，我们知道，道德指的是一个人的目标或目的，而不是他的信念。假如道德讲的是信念，那么，任何一个具有错误信念的人都可能被判定为邪恶的。但是，仅仅具有错误信念并不会使一个人堕落。道德表现在一个人的目标（目的）当中，而目标是由情感确定的，它不能被说成是合理的或不合理的（T 459-460）。

道德是不可证明的

为了更有力地捍卫自己的论点，说明道德并非仅仅出自理性，休谟考察了理性的两种功能，即证明（演绎）和因果推理。现在，我们已经比较熟悉它们各自的作用了。首先来看证明：克拉克主张,道德存在于理性所发现的那些永恒的适当性之中。他认为，道德与证明有关，只须了解关于事物的概念是如何联结起来的，而不需要任何经验。按照这种观点，道德是由关系来界定的，有些关系好，有些关系则不好。克拉克的方法是道德理性主义路线的典型代表。休谟的回应旨在说明，这条路线会导致荒谬的结论。他主张，如果道德仅仅存在于关系之中，那么，无论什么地方，只要在现实生活中发现了不好的关系，我们就必须把不道德的恶名加在这种关系之上。如果在一种情况下，子女杀死父母是不道德的，那么，在其他情况下，只要这种关系存在，这样做就一定是不道德的，就是说，一种结果（后代）毁灭了它的原因（父母）。我们都承认，孩子杀死自己的父母是邪恶的。这就意味着，从一棵橡树生长出来的一棵小树苗，如果它长大以后高过自己的父母，遮挡父母的光线，造成父母死亡，那么，它的行为就是不道德的。但是，这样评价树木显然是荒谬的。再来看一个例子。我们该如何从道德上评价兄弟姐妹之间的性行为呢？如果我们认为人类的乱伦是不道德的，那么，我们也必须这样来讨论动物，因为只有关系才与道德相关，却无须考虑与世界相关的其他事实。这里，我们又发现了一种荒谬的含义。理性主义者可能会竭力地辩护，他们说，因为动物没有进行是非判断所必需的理性，所以我们不能把道德用于动物的行为（同样也不能用于树木的行为）。这样，理性主义者就已经承认，道德标准建立在这些关系之外的某种东西之上。因此，休谟的结论是，道德不是来自解决观念之间关系的演绎推理（T 466-468）。

道德不来自因果推理："是"不导致"应当"

道德是否来自理性的第二种功能，即因果推理呢？因果推理为我们提供事实信念，这些信念能够为我们再现世界万物存在的方式。我们的道德区分是否存在于和万物的存在方式有关的信念之中呢？休谟问：道德存在于什么样的事实之中呢？他要求我们考察一种行为，然后再提出这个问题。我们来看一个故意杀人的案例。把你知道的一切事实都罗列出来。首先，这是一件蓄谋已久的案件，完全出于恶意伤害；其次，行凶者是在某个星期四晚上 11 点 45 分用刀具实施犯罪的；最后，受害者曾感觉到伤口的疼痛，后来失血过多而死。休谟说："如果你只是考察对象，就根本不会发现罪恶。"但是，你也清楚，对你来说，这种行径是可耻的：

> ○ 　除非反省自己的内心，才能发现谴责这种行径的情感在你心中油然而生，否则，你永远不会发现这种罪恶。这是事实。不过，它是情感的对象，不是理性的对象。它存在于你的心中，而不是存在于对象之中。（T 468-469）

休谟这里的意思是，仅仅罗列行为或事实，并不能为我们提供一种道德评价。这种评价应该是对这些事实的回应，而且只有当我们以确切的方式对这种信息做出反应时，这样的评价才会出现。如果我们观察到某些行为，比如谋杀，我们就会经验到一种憎恶的感觉，一种令人难受的情绪；如果我们观察到另外一些行为，如某人帮助受害者，我们就会在自己心中产生一种赞许的感觉，一种令人愉快的感受。如果谁也未曾在情感上对某些行为或行为者做出过反应，那么，谁也不会做出道德判断，因为他们只是在思考事实。

　　休谟的观点是，情绪、情感或情意，是我们做出道德区分的基础。有些人想以事实为基础推论关于道德的某些结论，实际是犯了一个逻辑错误。我们来看以下论证：（1）谋杀者的行为出于恶意；（2）受害者痛苦地死去；（3）因此，谋杀是一种罪恶行径。这不是一个有效的论证：结论不是来自前提，即使把再多的与谋杀有关的事实添加到这个案件上，也无济于事。为了获得命题（3）那种判断，我们必须提出一个关于德行与恶行的命题，或者提出一种如何判别德行与恶行的主张。我们来看：（1）谋杀者的行为出于恶意；（2）受害者痛苦地死去；（3）故意造成不必要的痛苦是罪恶的；（4）因此，谋杀是一种罪恶行径。现在这个结论是能够成立的，因为我们有了一种关于罪恶的主张，这个主张能够把结论联结到前提上（我们知道，源于恶意的行为暗示所造成的痛苦是不必要的）。命题（3），即那个附加的前提认为造成不必要的痛苦是一种罪恶，这个命题从何而来？不单单是来自对事实的考察，甚至不是来自人们不喜欢痛苦这一事实。休谟认为，它只能来自我们对强加不必要的痛苦这类事情在情感上所做的反应。当我们对强加痛苦的那些行为做出谴责或憎恶的反应时，我们就会发现，我们是在用一种道德评价来判断这些行为。

休谟做出一个著名的论断，即任何"应当"都不会从"是"推理出来。意思是说，任何事实陈述本身都不能证明一种价值论断，或者证明一种我们应当做什么的论断。如想得出"应当"结论的论证前提，就必须包含一个价值陈述。但是，这个陈述本身必须建立在终极之物上，而不能建立在无限多的其他价值陈述之上。休谟的回答是，价值陈述来自我们的情感，来自我们对某些行为和行为者的情感反应。那么，这些道德情感的本质是什么呢？

情感、同情心以及自然之善

如果我们的道德区分不能来自理性（不能来自我们的观念），它们就必然来自我们本性中非理性的、能感知的那些部分（来自印象）。这个结论使得休谟曾经说，我们的道德区分来自一种道德"感"，仿佛我们对性格和行为的情感反应与对其道德属性的知觉是一回事，也正如我们对颜色和滋味等的反应，就是对这些客体的物质属性的知觉那样。当然，我们在知觉客体的颜色和滋味时，无须具有我们所经验的事物的任何概念。我们无须知道客体是什么，却能感知它的颜色。但是，当我们感知行为和性格时，我们是在感知这些事物的概念。如果我不知道眼前这些形象、状态、颜色和声音究竟是什么，比如，它们是在描述这样一件事：一个人为了自己的私利，正在对另一个人撒谎，我的反应就不会为我指出这件事情的道德属性的某些方面。因此，道德感提出这样一种要求：我应当把知觉对象变成概念。然而，我们不应该过于强调道德知觉和感性知觉的类似之处，因为这种类比不尽完善。就我们的道德判断而言，类比可能具有的意义并不总是与休谟的实际说法一致。我们应该追踪休谟阐释的真实细节。

休谟解释说，我们的道德区分立足其上的那些情感，是一些表示认可和不认可的感觉。我们认可的那些性格，我们就认为它们是美德；我们不认可的那些性格，我们就认为它们是邪恶。我们最初可能觉得，认可和不认可根本不是感觉，而是反省的因果判断，我们能够为这些判断提出理由：你妈妈不认可你或者你男朋友（或女朋友）的那种生活方式，这是她根据自己所理解的好生活或好关系的概念，而对你或他（她）的生活质量做出的判断。但是休谟会说，这样考察认可或不认可是模糊不清的。从表面上看，这些因素是你母亲做出如此评价的理由，其实正是这些因素激发了她的情感。你母亲首先形成一种不认可的态度，她对你的生活或你们的关系的评价，就建立在这种态度之上（就这个例子而言，休谟的一些研究者认为，她的评价与她的态度是一回事）。根据休谟的理论，认可和不认可的心灵状态就是快乐和痛苦的翻版。无论如何，认可某事就是因此而感到高兴，不认可就是感到不满意。前者使人愉快，后者令人痛苦。休谟这样写道：

> 一种行为、情感或性格可以是善的，也可以是恶的。为什么？因为人们一看见这种东西，就会产生一种具体的快乐或不安。只要说明快乐或不安的原因，我们就能够充分地解释善与恶。具有善的感觉，不过是说，由于思考一种性格，人们便感觉到一种具体的满足。正是这种感觉构成了我们的赞美或羡慕。（T 471）

到目前为止，休谟一直在努力地描述道德判断的起源。如果他的理论是正确的，它就肯定能够解释某些明显的事实，这些事实与我们做出道德区分的方式有关。我们知道，并不是认可、羡慕或快乐的（或者是相反的）感觉一旦出现，我们就做出某种道德评价。一把新买的菜刀也能使人感觉愉快，却断然不是善的。一瓶香醇的葡萄酒也是如此。我们还知道，道德判断并不总是与我们的认可和不认可的情感相对应，即使这些情感所涉及的是人。对于我自己的孩子的行为，我可能只是感觉到轻微的不快，别人却觉得非常讨厌。有没有一些关于情感、判断或本性的普遍原则，以便休谟来解释我们的道德区分所具有的这些特征呢？

根据以前阐述过的一些原则，休谟很容易回答对无生命的对象表示认可的问题。在讨论间接情感的理论中，我们已经注意到，骄傲、谦卑、爱、恨的对象总是人——另外一个人或我本身。休谟认为，德行和恶行是这些情感的原因之一，它们构成一个人的性格特征，能激发快乐或痛苦的情感。对第二个问题——我们的道德区分与我们的认可和不认可的情感，为什么不能一一对应——的解答，必须求助于休谟尚未使用过的一种解释。

同情心和普遍观点

休谟试图用几条自然原则来解释我们的心灵生活，他发现，同情心是人性的一个基本原则，也是我们进行道德判断的基础。想到某些行为或性格，我们就感到快乐；想到另外一些行为或性格，我们却感到痛苦，这是为什么？休谟的回答是，我们会自然而然地产生同情别人的感觉。同情心是把别人的情感观念转化为我们自己的一种印象的能力（T 317）。我们根据别人的行为，来推断他们的感觉；当我们设身处地地想象别人的处境时，我们关于他们的情感观念，就会变得更为强烈，更为生动。我驱车路过一个可怕的车祸现场，一想到扭曲的汽车残骸中的那些人体，我就感到害怕；回想他们的不幸遭遇时，我感觉很痛苦（不是身体上，而是心灵上的痛苦）。每当想起十恶不赦的刽子手，如希特勒，我就会有一种沉痛感和愤恨之情，对此的解释是：我同情那些惨遭刽子手虐杀的受害者，我知道，他们经受了极大的痛苦。德蕾莎为加尔各答的穷苦人辛勤工作，我认可这种人的宽厚行为，因为我同情那些由于她的帮助而生活得到改善的人们。

但是，我们不会对所有的人都表示一样的同情，因为休谟此前详细阐述过的心灵的联想原则，也会影响同情心。由于接近、相似或因果关系，我更同情那些与我有关的人。我邻居的病确诊以后，我的心情很沉重，如果是在报纸上看到一个陌生人得了同样的病，我的心情就不至于如此。因为我与我邻居的关系密切，就是说，无论在物质方面，还是在精神方面，我们的关系都比较近。如果我们与某些人有共同之处，他们的情感就会打动我们；相反，如果我们与另外一些人很少共同之处，他们的情感就很难触动我们。因为我们之间的相似之处，更容易让我们设想他们的情感。我女儿的优异成绩使我感到由衷的喜悦，如果我的一个熟人的孩子也取得了好成绩，我就不会产生同样的心情，因为因果关系在发挥作用（T 318）。如果这种同情感就是道德判断的基础，这是否意味着，尽管我的孩子与另一个孩子具有相同的特征，我却认为自己的孩子比别人的孩子品行更好，因为我对她的认同感更加强烈？当然不是。休谟说："两千年前生活在希腊的一个人，他的美德使我感受到的那种快乐的生动性，不及我所熟悉的一个朋友或熟人的美德使我感受到的那种快乐。可我并不是说，我更尊重后者而不是前者……（T 581）"于是，我们又回到原来那个问题：如果情感不断变化，道德区分却永恒不变，那么，情感是如何成为道德区分的起源的呢？休谟回答如下：

> ……每个人都与其他人的处境不同，如果我们每个人只是根据自己的特殊观点来考察人们的性格和人格，我们就不可能用任何合理的语汇进行交流。因此，为了避免经常发生矛盾，为了获得对事物的较为可靠的判断，我们确立了一些稳定而普遍的观点。无论我们当下的处境如何，我们总是在思想中使自己遵循这些普遍观点。（T 581-582）

换言之，为了交流我们的道德思想，为了避免互相矛盾的道德判断引发现实问题，只有对某种行为或性格达成共识之后，我们才能考察那些标志着道德区分的同情感。与此同时，可以撇开我们与行为者的个人关系，来考察该行为或性格的效果。特别是从我们做出道德区分中引出的普遍观点就是同情者的观点，他同情受到行为者行为最直接影响的那群人。要同情这个

"群内者"，观察者就必须反映那些直接感受了行为者的行为及其影响的人的情感。例如，当我对某个遥远的国家的独裁者做出某种道德判断时，我就要考虑独裁给那里的人民造成的影响，并且认同他们的情感。正如我思考和感受我这里的地方政府给人民造成的影响那样，我努力设想他们的情感。在任何情况下，我只是认同直接受政府行为影响的那些人的情感。再来看另外一个例子。当我从道德角度思考我孩子的行为时，我就把自己设想成她周围的普通一员，看看她的行为对周围的人会产生什么影响。我应该在这种心态中来考察自己的情感，而不应该以母亲的角色来考察自己的情感，来判断德行和恶行。

休谟指出，站在普遍观点的立场上来看待问题，可以纠正情感的偏差。他说：

就所有感官而言，这种纠正作用具有普遍意义。如果我们不能正确地抓住眼前的事物特征，不正视我们目前的处境，我们就真的无法使用语言，也无法在彼此之间进行情感的交流。（T 582）

我们并不是在任何情况下，都要对某物的大小、形状或颜色作出陈述。帝国大厦在远处看很小，在近处看却很大；我的鞋在这个屋子的光线中是黑色，在太阳下却是蓝色。没有公认的度量衡，就在一本研究建筑的书中大谈帝国大厦的高度，这种写法必然会使读者困惑不解。如果以公平的态度来考察它的各个方面，我们就不可能夸大其规模。与埃菲尔铁塔相比，它是高，还是低呢？与一辆汽车相比，它是高，还是低呢？为了正确地抓住"眼前事物的特征"，必须确立一个标准尺度，以便评价事物的性质，以便使我们的语汇和社交具有意义。根据休谟的论点，如果没有一种普遍的观点来明确地规定我们的道德区分，道德生活就不会具有任何意义。

人们可能会对休谟的解释提出这样的问题：如果我努力接受普遍观点，尽可能地同情那些直接受行为者影响的人，却还是不能改变自己的情感，因为这些人距离我们实在是太远了，那可怎么办呢？换言之，如果我真的接受了一种普遍观点，而且知道我应该产生什么样的情感，可我就是产生不了这样的情感，就是不能把陌生人和我的家人朋友一视同仁。不仅如此，我还无法淡化我对家人和朋友的强烈情感，无法使它们冷却到我对待陌生人的那种程度。休谟承认，这也是自然的。他说，"经验很快就会教给我们纠正情感的方法；至少，当情感变得比较顽固、呆板时，经验就会教给我们纠正语言的方法"（T 582）。因此，如果我们成功地把握了普遍的观点，我们就会认识到，我们可能产生什么样的情感，这足以使我们做出正确判断。我们能够协调我们谈论道德的方式与我们在"道德"观点中可能产生的情感，以免发生各谈各自话题的现象。

自然之善

到目前为止，我们所了解的休谟的道德理论，只是在阐述道德区分的起源。这种阐述旨在描述，我们是如何做出道德区分的，这些区分来自人性的哪些原则。除了他引用过的一些例子，他还没有讨论，在实际生活中，哪些性格特征是善，哪些是恶，尽管他的阐述确实包含了一些道德内容。休谟提出了善的旁观者理论。换言之，道德内容——哪些特征是善，哪些特征是恶——是由认可了某种普遍观点的旁观者的反应决定的。如果某个观察者根据共同观点，由于同情心的作用而认可了某种性格特征在其他人身上产生的影响，那么，这种性格特征就是善；如果这个观察者不认可这种性格特征，这种性格便是恶。要想把某种动机看作某种性格的组成部分，这种动机就必须在一段时间内，能够前后一贯地体现在某人的行为之中。我们无法观察别人的动机，但他们的行为及其结果却是有目共睹的。我们将某些行为视为善的表示，另外一些则视为嫉妒的表示，等等。既然我们已经在经验中认识了不同行为的效果，那么，我们能够站在旁观者的立场来决定，哪些动机是善的，哪些动机是恶的，在场的某位是否具有这些特征。

休谟说，在我们认可的那些特征，即善当中，我们能发现一种自然的分类，一类善能使一个人促进他或她的利益；另外一类善却能够使一个人适应社会。换言之，善被描述为使我们成为对自己或对他人有用且有益的特征。在其影响较大的伦理学著作《道德原理研究》中，休谟用了很大篇幅来讨论善与恶的范畴。在谈到对自我有用的属性时，他说：

> 我认为，谨慎、小心、进取、勤奋、勤勉、节俭、节约、机智、慎重、明辨，这些禀赋的名称本身，已经有力地说明了它们的价值。除此之外，还有许多其他禀赋，就是最坚定的怀疑主义者也不可能不给予些微的称赞和嘉许。诸如温和、冷静、耐心、恒心、坚韧、目光远大、周到、稳妥、有序、友好、文质彬彬、沉着、才思敏捷、善于表达，这些以及其他许多同类的禀赋，谁都不会否认它们是一些杰出的和完美的品质。（EMP 242-243）

能够使我们立刻感觉到愉快的品质包括快乐、宁静和安详。对社会有用的品质包括大度、敬重、善良和勇敢；能够使别人立刻感觉到愉快的品质包括礼貌、风趣、足智多谋、谦逊、体面和清洁。休谟称这些性格特征为"自然的"善，因为在任何情况下，它们都能通过自然的同情心为我们这些旁观者带来快乐。

休谟研究了我们做出道德区分的那种方式。他发现人性的一个明显例证，即心灵总是依赖"普遍规则"。在休谟的因果性理论中已清楚地看到，由于习惯性的联想，心灵能够从一种印象过渡到一个观念。在道德领域，这种倾向同样发挥作用。我们把行为当作性格的标志，并假定做出道德判断的根据是某种普遍观点，而不是"没有规范的"同情心。如果行为不能产生相应的结果，我们就根据该行为通常能够产生的结果，来评价某种性格。把一个人从迎面驶来的汽车下面救出来，这种努力尽管没有成功，结果也算不上好，但是，这种行为照样体现了这个人的善良。休谟说得好：

> 如果一个人具有这样一种性格，这种性格具有服务于社会的自然倾向，我们就认为他善良。看到这种性格，我们就感到快乐。即使某些偶然事件阻碍了他，使他不能为他的朋友和国家服务，上述观点依然成立。即使处境贫困，善依然是善……
>
> ……如果一种性格从各方面看，都能造福于社会，想象就很容易从原因过渡到结果，全然不顾这里还缺乏使原因充分发挥作用的一些条件。（T 584-585）

对休谟自然之善的理论的几点评论

休谟关于自然之善的理论，为读者提出了一些需要探讨的问题。有些问题，连休谟本人也没有做过任何论述。其中有几个问题，值得我们进行简短的考察。

（1）休谟理论的主要目的，似乎是描述在实践中如何评价他人，而不是阐述可以指导我们行为的任何准则。如果这样，那么他的理论就缺乏一个在可信的道德理论中应该具有的重要特征，就是说，缺乏应当做什么的讨论。对于这种诘难，休谟自有解释。既然我们能够把道德感建立在自己的性格之上，那么，休谟的理论就不仅仅局限于评判别人。他说，当我们发现别人都有某些善，而我们却没有，这时，我们就对自己产生出一种不愉快的感觉，②这种感觉会促使我们改变自己的日常行为。他称这种感觉为"义务感"。它意识到一种我们所没有的、别人却认为能够带来愉快的善，它能促使我们采取善良的人可能采取的那种行动。因为我对自己的不诚实倾向感到不安，所以义务感可能促使我讲真话（T 479）。

休谟的理论更多的是一种关于善的伦理学，即最讲道德的人以自然之善为动力。但是，他也阐述了如何才能促使一个没有善心的人去做正当事情的问题。无论如何，休谟用来反对道德理性主义者的一个关键性论点是，道德具有推动力。意思是说，我们对什么是善、什么是恶的认识，会影响我们的行为动机。义务感能够说明这种影响所采取的方式。尽管这种回答不能使休谟的理论完全免于因为没有阐述"应当"而招致的批评，但是它的确表明休谟已经清楚地指出人类行为的一种机制，它能够说明我们是如何从我们的道德区分和本性中获得方向或指南的。

（2）休谟认为道德区分不能仅仅建立在理性之上，这是不是说根本没有道德信念呢？休谟已经指出，理性赋予我们信念。当他说理性本身不能作为动机时，他的意思是，反映世界存在方式的那些信念不能影响我们的行为。心灵的反映（认识）不能成为动机。他还主张，正因为此，具有推动力的道德，说到底是建立在情感之上。这是不是说，当我们发表"仁慈是一种善"这样的见解时，我们不是在陈述一种具有认识内容的思想，而是在表达一种情感呢？表达一种情感就是什么也不说，只是阐明我们的感觉，正如欢笑或哭泣表示我们喜悦或悲哀那样。此外，当我们表明道德态度时，如果我们只是在谈论关于世界的某些事情，那么，我们会说些什么呢？仁慈是一种善，恶意是一种恶，这似乎不是在描述事情的存在方式，而是在描述它们应当具有的那种存在方式。

这种推论使许多哲学家认为，休谟的理论已经暗示，根本没有什么道德信念，道德实践不过是情感的产生、表达和推动行为的过程（这种观点被称为"非认知主义"）。然而，人们为什么要这样理解休谟，原因不甚清楚。要知道，当休谟说道德是一个情感问题时，他是要我们反求诸己，在这里，我们就能发现"一个重要事实"，它是理性不能揭示的，只有情绪才能发现这样的事实，因为它与我们表明道德态度时的感觉方式有关。毕竟，没有人一定要凭借理性去推论他或她可能产生什么感觉。因此，休谟在此好像并不否认能够为道德提供内容的某种事实的确存在。毋宁说，他的意思是，无论这些事实存在于何处，它们肯定不会像我们的因果信念那样——把属性归结到世界万物之中。当然，对于这个问题，人们可以提出许多讨论。关于休谟的论点是不是非认知主义（非认知主义有什么优点）的讨论，目前仍在继续。③

正义，或人为之善

　　道德实践的范围要大于我们区分出来的那些特征，如慷慨与吝啬、感恩戴德与忘恩负义、善良与残酷，等。道德还包括我们所使用的正义与不义的观念。这些观念与别的观念不同，因为正义的行为是我们认可的行为。我们之所以认可这些行为，不是因为它们能够为直接受行为者影响的那些人提供快乐，而是因为我们能够从它们发挥着作用的那个体系中获得一种快乐。例如，一个穷人从一个没有善心的守财奴那里借了一些钱，却没有偿还债务。这个人的生活自然改善了，而那个守财奴的日子丝毫没有变坏。一个道德观察家自然会为这种情况而高兴，因为在这种情况下，穷人获益了，守财奴也没有遭受巨大损失。然而，我们要说，正义的要求是，人们必须偿还一切债务，无论谁是债权人，谁是债务人。如果自然情感与正义的判断背道而驰，那么，情感如何才能成为正义判断的基础呢？这就是休谟人为之善的理论试图解释的一个悖论。

善的原始动机

当我们认可一种行为时，我们总是认为认可的是产生这种行为的动机。好的性格就包括了善的动机。有些哲学家已经指出，善的动机的特点是，尊重道德义务。换言之，在他们看来，善良的人以行善为动机。这就意味着，人们不会因为善良或感激或慷慨而成为善人，却会因为关注道德行为的实践，即休谟所谓的义务感的驱使，而成为善人。如果是这样，我们就能够回答这样一个问题，即是什么使偿还守财奴的债务成为善行的，即使我们不能自然地接受这一点：这种行为是正当的，因为它起源于善或诚实。按照这种观点，尊重道德是一种动机，这种动机使行为合乎道德。但是休谟认为，这种观点毫无意义。

休谟的论点是，一种行为要想成为善行，就必须起源于一种善的动机。例如，如果我的行为是出于慷慨，那么，我的慈善捐助就是善的。反之，如果我的行为旨在博得人们的称赞（这是自私的一种表现），那么，我的捐助就不是善行。但是，如果我们试图根据善行的结果（而不是根据我们对某种特征的认可）来定义善的动机，而善的行为来自善的动机，那么，我们就是在循环论证。例如，我们可以进行一番考察。当我把这个原则，即"一种行为是善的，因为它来自行为者对善行的尊重"，用于上述那个关于还债的例证时，会产生什么结果。对我来说，还债为什么是善行？回答是，对我来说，还债是善行，因为这种思想能够驱使我行动。这里，没有任何东西告诉我，还债为什么是善行。休谟说，我们必须寻找"善的原始动机"，这是我们所认可的一种自然动机，它能使行为具有价值。这样，我们就能说明这种行为之所以是善行的原因（T 478-480）。

财产与正义的起源

休谟关于正义的理论旨在回答这样两个问题：（1）正义的原则是出于什么样的动机而建立的？（2）我们为什么认为，遵守这些原则就是善的，违背这些原则就是恶的？

（1）休谟认为，处于自然状态中的人们还没有建立起一个社会来规范他们的行为，这是他们生活的一大缺陷。每个人单凭他或她的力量很难获得生活必需的食物、房屋、衣服和娱乐设施。此外，我们的自然情感也会妨碍我们的幸福生活。既然我们倾向于关心自身以及与我们有密切联系的那些人，希望从外部获得物质，满足他们和我们的欲望和生活需求，那么，人们之间存在一种不稳定状态。如果资源匮乏，不能满足这些欲望，人们的财产就永无宁日。我们早已熟知关于自然状态的这种描述，因为政治学家们已经通过不同的方式，明确表达过类似的思想。

补救办法来自一种人为的措施或组织，人类建立这些措施，是为了保证他们的财产安全与稳定。他们按照习俗或协议，建立起一套用来调整他们行为的准则。休谟强调，人们所承认的这种协议并不是一种许诺，因为只有在行为与习俗的关系确立之后，许诺本身才会有意义。（许诺不仅需要许诺者所表示的意愿，而且需要别人的认可，在这些人看来，许诺者的话表示出一种义务。）休谟说，使正义原则得以确立的那种协议，类似于两个人划一条小船，"两个人在一条船上划桨，他们的行为依据是一种协议或习俗，尽管他们彼此从未做过任何许诺"（T 490）。划桨的行为是这样协调的，其中一个人假设另一个人也会这么做。休谟说，与财产安全有关的习俗不是突然出现的，而是逐渐形成的，经历了不断地尝试与犯错。因此，人们有充分的理由认为，这种协议不是一种契约，而是实践的自然演化。

尊重财产，尊重正义感，这些习俗起源于什么动机？休谟的回答是，只能起源于私利。一种泛泛的对全人类的爱，会促使我尊重他人的财产吗？首先，我们没有这样一种泛泛的爱；其次，这种说法也没有意义：如果我们自然而然地投身于公益事业，我们当初就无须建立那样一些习俗。一方面，私利能够促使正义的建立；另一方面，正义体系所倡导的每一种行为，并不能使我们每一个人都受益。这究竟是怎么回事？无论如何，如果我占有了我正需要的、却是归你所有的一种东西，我的生活就会好起来。这种做法似乎强于我尊重你的财产权，却得不到自己需要的东西。回答自然是这样：尽管某些具体行为并不总是服务于某人的利益，但是，总的体系却能帮助每一个人。

"总的看来，甚至每一个人都可能发现，他自己也是受益者。因为在没有正义的情况下，社会必然立刻解体，每一个人必然会陷入野蛮和孤立无援的状态……（T 497）"因此，休谟关于正义问题的第一种回答是：正义起源于自利的动机。这就是他一直在寻找的自然动机。

（2）我们为什么认为，遵守正义原则就是善，否则就是恶呢？休谟对自然之善的解释为此提供了答案：我们认可遵守正义原则的行为，不认可违反这个原则的行为。这种意义上的认可与不认可，不是以自利为基础，而是以道德上的认可与不认可为基础，而道德认可与不认可的态度，扎根于我们在接受了一种普遍观点之后形成的对他人的同情心。这就意味着，我们能够获得一种比休谟所说的自然之善的起源更为广阔的视野，因为这种视野能够说明，我们为什么会认可那些对某人有利的不义行为。我们会认识到，不义的行为"有损于人类社会"，"谁要是接近不义之人，谁就会受到侵害"（T 499）。此外，我们不仅憎恶那些违反正义原则的人，而且同情那些对我们自己的不义行为同样表示憎恶的人。所以，休谟得出这样的结论：

在正义的体系中，我们用于自身的那些道德区分起源于对公众利益的同情。

根据休谟开始讨论正义观念时所提出的一些问题，人们可能会问：如果我们没有一颗普遍的仁慈心，不能自然而然地尊重他人的财产，那么，我们为什么会有一颗普遍的同情心，足以使我们认可一个遵守正义原则的社会呢？休谟认为同情心是可以培养的，因此，它的作用范围能够超过仁慈心。在休谟看来，通过反思正义体系的优越性，我们就能改变自己那狭隘的同情心，就是说，我们能够认可那些符合社会准则的行为，即使这些行为会给最直接受其影响的人带来痛苦，比如，偿还守财奴的债务。有些读者会问，这种心理转变在我们心中究竟是如何发生的？对此，休谟的阐述也是语焉未详。我们会以某种方式认可人们提出的一些利益和优势，因为总的看来，它们有利于生活在这个体制下的人们。是这样吗？

结论

如果休谟的正义理论能够成立，那么，同情心的能力就必须扩大，由行为者的小圈子所认可的那些快乐和痛苦，扩大到对能够促进社会上所有人的长远利益行为的认可。无论休谟的论述是否包含矛盾，值得注意的是，在这里以及在关于自然之善的讨论中，休谟提出的自然主义的阐释是富有建设性的。对于道德实践，休谟并不持怀疑态度。关于外部世界和自我的任何疑问，已经被存而不论，因为不管休谟的认识论具有什么样的哲学意义，我们总能发现自己已经面对生活的艺术，已经参与了道德实践。

思 考 题

1. 休谟主张任何"应当"都不能起源于"是"，这究竟是什么意思？

2. 休谟说，只有在我们接受了一种普遍观点之后，我们才能按照自己的同情心做出道德判断，而普遍观点会消除个人的影响。他还说，有时我们的情感很难改变，所以只有当我们形成适当的观点之后，我们才能做出与我们可能产生的情感相符合的一些道德判断。但是，如果我不得不推测我会有什么样的感觉时，这是否意味着在关键的意义上，道德依赖于理性呢？（真是一道难题！）

3. 尊重道德或正义就能使行为成为善行。请您解释这个论点。

注释：

① 1706 年发表，题目是《论自然宗教的永恒不变的义务》。

② 他称这种情感为自恨。但是，我们知道，在讨论情感时，仇恨的对象总是另外一个人。我认为，这是一种不认可自我的情感。

③ 关于休谟的一种非认知主义的解读，参见 J.L.Mackie, *Hume's Moral Theory*（《休谟的道德理论》），（London；Boston：Routledge & Kegan Paul，1980）。

6

On Hume —————— 宗教信念

休谟对宗教信念，特别是对有组织宗教的教义，持批评态度。在他以前的几个世纪，教会的种种暴行无疑对他产生了影响。《对话》是他讨论道德实践的一篇文章，附在《道德原理研究》之后。在这篇文章中，他指出，教会人士过着一种"人为的生活"。理性与人性不能指导他们的行为。相反，他们让宗教取代了哲学。宗教为他们规定了一些普遍的准则，该准则又由一个无所不包的赏罚制度确立起来。"他们是与多数人不同的另一类人，他们心灵的自然原理并不遵循我们那些规律……"①休谟对宗教的批判，不仅是对自己文化中的那些事件和人物的情绪化反应，他还根据经验主义的原则论证了自己的观点。他对宗教的批判，是他的人性原理的具体运用。从某种意义上说，他的批判可以看作一种尝试：用人类的同情心来取代上帝的权威，因为在他那个时代，上帝的权威在道德理论中占据主导地位。他的观点详细地表述在他死后出版的《自然宗教对话录》中。而他的第一《研究》的最后两节，即讨论奇迹和来世的那些文章，在他有生之年已经招致了社会的强烈不满。

奇　　迹

相信奇迹的大多数人都不承认曾见证过那些事情，而宁愿将他人能提供证明的事实当作奇迹的发生。因此，在第一《研究》中，休谟关于奇迹观念的合法性的讨论，集中在作为充分证据的人证的价值上。

我们知道，每一个信念事实上都建立在对事件的稳定联结的经验之上，只是有些联结比其他的联结更稳定。七月的第三个星期比十月的第一个星期热，这种断言可能是不合理的，因为气温在几个月之内会发生变化，我们的概括并不完全可靠。我们认为，信念的或然性有高低之分，这取决于证据。智者一般在大量的观察后，才对信念的或然性作出判断。虽然休谟的哲学已指出，我们总是会出错，然而，建立在事件的普遍的稳定联系上的命题，还是很值得信赖。休谟说，我们把这些命题当作"已经被证明的命题"。所以，雪是冷的，普通的纸易燃，这些都是已经被证实的。与此相反的能降低我们的信任程度的事物联结，在经验中没有发现。

证人或证词是我们经常使用的一种证据形式。在我们承认某人所提供的信念内容"已经被证实"，或者在我们认为它是或然的之前，我们应当考察可能的反证。因此，应当考察证人是否可信，他们的证词是否互相矛盾，我们是否知道某些事件的联结会导致与这些证词相反的信念，等等。

于是，休谟问：什么是奇迹？

○ 奇迹就是违反自然规律。……一个看上去明明很健康的人忽然死了，这不算奇迹，因为这样死去虽然比其他形式的死更为罕见，但人们还是经常看到这种事情的发生。相反，如果一个人死而复活，那就是一个奇迹，因为在任何时代或任何国家，人们都未曾见过这种事情。因此，肯定存在某种形式相同的经验，与每个奇迹正好相反。否则，这种事情就算不上是奇迹。（EHU 114-115）

根据这种描述，休谟认为，只有当证词的虚妄比奇迹本身更不可思议时，证词才足以证明一个奇迹信念。换言之，在权衡有利于证人及其证据的经验时，我们应该考虑与这个事件的信念相反的经验。证人可能出错，或者这种事件时有发生。如果前者比后者更难以置信，我们就接受关于奇迹的信念。但是，曾经发生过符合这个标准的奇怪事件吗？曾经有过称得上是证据的证词吗？可能存在这样的东西吗？休谟提出四种理由，来论证他的否定性回答。

首先，根本不存在这么一个人，这个人享有极高的可靠性和诚实性，受过极好的教育，而因此毋庸置疑。有人讲了一个与我们所有的感官经验都相反的故事，对于我们这些人来说，谁会仅仅因为听了他的故事，就相信这个人呢？

其次，确实有这样的人，他们把自己所相信的奇迹建立在证据之上，然而他们的信念并非完全以这些证据为基础。毋宁说，这里所描述的那些神奇事件，在某种程度上说服了他们。其实，对我们来说，像惊讶与好奇这样一些令人愉快的情感，能够促使我们相信产生这些情感的那些事件。在分析信念时，休谟讨论过情感对信念的作用，例如，出现危险时，人们惊慌失措，很容易相信危险的存在。关于这条在人性中发挥着作用的原理，我们还可以举出另外一个例子。关于不明飞行物、心灵感应或者能够预测未来的巫师的传说，有多少人会因为他们的神奇设想引人入胜或动人心弦，就愿意相信它们存在呢？休谟说，"宗教精神"与热爱神奇的倾向通力合作，便产生出关于奇异的和超自然的现象的信念的事实，强化了人们相信神奇事件的心灵倾向的作用。

第三，休谟认为，奇迹信念起源于愚昧而遥远的文明，此种假设与奇迹观念相背。我们可能对这种假设持怀疑态度。对当代读者来说，他的例证似乎不能充分证明自己的论点，兹不赘述。

休谟的第四种理由更有说服力。他说，用来证明奇迹的证据无不具有"无限多的反证。因此，不仅奇迹摧毁了这些证据的可靠性，证据本身也摧毁自己"（EHU 121）。他的意思是什么？他主张，不同宗教派别为奇迹提供证明，主要是为了保持各自的独立性。因此，他们认为，相信他们的奇迹，就是相信他们的教义。一个中国信徒与一个罗马信徒具有不同的宗教信仰，因此，中国信徒提出的证据旨在推翻罗马信徒的证据，反之亦然。由于不同的宗教派别对奇迹的作用的认定各不相同，所以，休谟认为宗教为奇迹提供证明的目的未达到。

休谟用来证明自己论点的那些理由尽管有力，但是，还有一条路可走，他可以很容易地从他的因果分析中引申出这条思路。奇迹是宗教信念的组成部分，因为它们被看作一个至高无上的存在的行为。建立因果关系的必然要求是，某个事件的先在经验必须由另外一个事件的随后经验相伴。既然如此，那么，休谟本来可以追问，我们究竟是如何知道某个具体事件就是我们所说的无规律的奇迹类事件的原因。从定义看，这些事件不能归属于我们能够认识其原因的那些规律。假如这些事件发生了，它们也会显得漫无目的。然而，我们仍将它们归因于上帝的力量，其根据何在？原来，我们没有任何理由把它们归因于任何具体事物。

上帝的存在及其本质

休谟的《自然宗教对话录》集中讨论与天启神学相反的自然神学中的问题。天启神学的宗教教义是由启示或超自然的方法赋予人类的，包括神灵感召下写出的作品，上帝与选民的直接对话，等等。而自然神学则研究人类运用通过自然能力所获得的知识去"证明"的那些宗教信念，例如，人们以感性材料为基础进行理性论证。《对话录》描述了三个人之间展开的一场讨论，每个人代表一种关于上帝的存在及其本质的观点。第美亚和克里安提斯是宗教信徒。但克里安提斯代表有科学倾向的信徒，和牛顿一样，他想通过观察自然和科学研究认识上帝的属性；第美亚是一个典型的信徒，认为我们所认识的上帝的属性，只能来自理性和权威；斐罗不是信徒而是怀疑论者，他力图指出克里安提斯论证中的谬误。

斐罗是休谟的代言人，这似乎是显而易见的。可是，让休谟的读者费解的是，在《对话录》结尾处，斐罗明确表示怀疑主义会导致基督教信仰。此外，第四个人物，即年轻的潘斐留斯，是这场讨论的旁观者和学习者。他在最后一段说，有科学倾向的信徒克里安提斯的观点最接近真理。通过《宗教的自然历史》和《对话录》中的斐罗之口，休谟也明确表示，与迷信的人和愚昧的信徒相比，理性的人不得不为他们所发现的宇宙秩序建立一个设计者。《对话录》中的这些谈话以及休谟在别的地方所做的一些论述，都表现出一种令人困惑的转向。于是，研究者们开始争论休谟对待宗教信念的真实立场：如果不是无神论者，那么，他是自然神论者（相信一个非人格的上帝，这个上帝与宇宙万物的创造无关）呢，还是不可知论者？

《对话录》中的对话，主要讨论关于最高存在的属性的类比推理。类比推理所得出的关于某物特征的结论，建立在这种事物与另外一种人们较为熟悉的事物的相似性之上。类比推论的说服力取决于互相比较的两个对象具有多少共同特征及其与结论中归属于第二种对象的特征的关系如何。例如，这样的推论就是错误的：你新买了一辆汽车，因为其颜色和内部零件与我的汽车相同，而我的汽车安全可靠，因此你的汽车也安全可靠。显然，颜色和内部零件与汽车的可靠性无关，而列举厂商与发动机的设计等方面的相似性就比较恰当。在《对话录》中，克里安提斯提出一种关于上帝的论证，兹引述如下：

> 看看周围这个世界，想想它的全体与部分，你会发现，世界不过是一台巨大的机器分成无数台小机器，这些小机器又可以再分，直到人类的感官和

理性再也无法向前追溯和解释……在整个自然界，手段与目的的这种神奇配合，虽然远远超过它与人类特征的相似，但酷似人类的发明、设计、思想、智慧和知识。因此，由于结果相似，按照所有的类比规则，我们就推断原因也相似。而且，我们推断自然的创造者多少类似于人的心灵，不过，他的能力可能要大得多，这是与他所承担工作的庄严与伟大相对应的。（DNR 15）

所以，克里安提斯认为，自然的结构与人造物的结构，比如一所房子或一台计算机，是类似的，这就是神的存在及其智慧的证明。

怀疑主义者斐罗说，既然我们不得不相信任何事件，包括宇宙的开端，都有一个原因，那么，有理性的人就不会否认神的存在。他对克里安提斯的论点提出两点批评。首先，我们不可能理解上帝的属性。我们的所有观念都建立在经验之上，并且受经验的限制，而思索神圣的存在的特征会超越经验的界限，所以，我们不可能获得上帝的属性观念；其次，斐罗认为，克里安提斯的类比论证没有说服力。如果我们根据烟与火的无数经验性例证推断说，它们在将来必然一同出现，那么我们的推论基础就是坚实可靠的，因为火的各个方面总是类似于它过去的例证。但是，整个宇宙与人造物，如一所房子，之间的类似，就微乎其微。它们有什么共同之处呢?

克里安提斯试图反驳斐罗,他指出,两者之间存在重要的相似之处。他说,房子的各部分之所以那样设计,是为了实现某些目的,例如,楼梯的台阶有一定的尺寸和比例,以便适应人的腿在上楼时的动作。但是,总的来说,斐罗不能同意这样的做法,即在自然的部分与自然的整体之间进行比较,最后得出结论。适用于部分的,不一定就适用于整体:从一片树叶的摆动,我们就能认识这棵树吗?况且,我们所认识的那些部分比起宇宙整体所有的部分,其数量也是微不足道的。在我们现阶段所处的部分宇宙中,砖石、铁木、铜在没有设计师的情况下,其自身就不会产生有用的排列。但仅此并不能使人们有充分的理由假设,在时间的开端处,宇宙整体也是如此。我们所说的成熟的宇宙,正如我们所说的成熟的人,不一定适用于处于萌芽状态的事物。

对话转向了更为具体的论题,即上帝的属性问题。克里安提斯试图把上帝的心灵比作人类的心灵:我们能够从作者的著作中了解她的心灵和意图,同样,我们也能够从万物中发现上帝的属性。但是,正统信徒第美亚不满意把上帝比作单纯的人的做法。他认为,上帝的理智肯定与人的心灵不同,因为人的心灵充满各种各样的情感——感激、嫉妒、爱、恨。情感是可变的,但上帝不变。上帝是完美无缺的,永恒不变的,也是不可认识的。然而,克里安提斯认为,这种主张与无神论或怀疑论相差无几，因为这种观点宣称第一因是不可认识的。此外，克里安提斯无法理解，如果一个心灵的情感和观念永恒不变，它怎么可能进行任何思维或推论。

斐罗指出，克里安提斯的观点，即把可变的观念归因于上帝的心灵，必须诉诸进入上帝心灵的新观念来解释。这些新观念为什么要以现在这种秩序进入上帝的心灵呢？为什么一个观念要跟随另一个观念呢？（这是一个我们非常熟悉的问题，休谟在其观念论中讨论过这个问题。）斐罗认为，这样的解释可能导致两种结果：要么诉诸原因的无限追溯，要么以某种东西，比如"理性能力"，为终点。事情如此发生，因为理性就是这样发生的。但是，后一种结果听起来一点不像克里安提斯想为之辩护的那个有人格的上帝。克里安提斯认为，人们没有任何理由担心上帝心灵中的观念的起源，因为这好比是问原因的原因。上帝就是上帝观念的原因。

斐罗希望了解克里安提斯关于上帝的"神人同性论"，就是说，他想知道，如果像克里安提斯那样认为上帝和人类一样，那会产生什么样的结论。人们可以预料，既然这种观点暗示神缺乏完善性，那么，当它与更为正统的上帝观念比较时，克里安提斯必然陷入种种困境。首先，如果上帝可能出错，人们就没有任何理由相信现在这个宇宙是某个第一因的产物。一个拙劣的木匠，经过多次试验和失败，最后也能做出一条款式精美的船。同样，上帝在创造世界万物时，也可能有过许多次的失败；其次，既然上帝不一定具有统一性和完善性，我们就没有任何理由假设只有一个上帝。宇宙也许是由一个造物主委员会共同创造的；最后，我们可能认为，神拥有一个身体，或者他还有生育能力，正如我们所熟悉的自然界的其他所有事物那样。但是，对宗教信徒来说，谁能心安理得地承认这些主张呢？克里安提斯也想否认它们，却好像没有任何理由进行反驳。

对话又转到这样一个论题上：其他类比，是否比机器与宇宙的类比更适于描述我们这个宇宙。宇宙是否更像一个动物或一株植物呢？如果它与其中之一更为相似，那么，它的原因也许存在于生长能力或生育能力之中。动植物的生育和生长无须设计师的介入，它们本身具有生育和生长所需的种子。斐罗与克里安提斯争论的问题是，宇宙能否以这种方式而自己生长。他们讨论中出现了一个非常有趣的现象：对于动物和植物类比的含义，他们各有各的理解。克里安提斯认为，如果宇宙好比一株植物或一个动物，那么，它就是生长出来的，生长原理包含了一种合理的设计与一个设计者；斐罗认为，如果宇宙所包含的设计类似于动植物所包含的设计，那说明宇宙起源于一条生长周期性原理。

休谟书中的对话者所谈论的最后一个重要话题，是恶的问题。恶的问题历来是对传统基督教所主张的上帝存在的一种反驳。传统基督教宣称上帝是全能而全善的，但问题是，世界上有许多不好的事情，这是毋庸置疑的事实：身体上和心灵上的痛苦，人们的各种不道德行为，地震、水灾、疾病一类的自然的恶，以及世界万物通常表现出来的不完美。如果上帝是全能的，而且是全善的，那么他就不会让这些坏事发生。因此，要么上帝不是全能的，要么他不是全善的。无论哪种选择，传统的上帝观念都不能成立。

斐罗考察了摆脱这种两难困境的权威观点。这种观点主张，宇宙中的恶是由事物必不可少的存在方式造成的。如果生物感觉不到疼痛，如果动物具有更强的能力，如果宇宙不得不恪守中道，恶将不复存在。但是，辩护者说，宇宙必然具有赋予生物以痛苦和其他局限的特征。因为为了带来更大的善，这些特征是必不可少的，否则，人们就不会得到更大的好处。斐罗却问：我们怎么知道哪些恶是必不可少的呢？我们能力有限，无法获得这种知识。他说，放弃上帝是善的这个观念，要比说任何不必要的恶都不存在更为合理。这种证据也不能证明相反的结论：上帝是恶的。毋宁说，既然世界万物都是快乐与痛苦、方便与不便的混合物，那么，最有可能成立的原因是，第一因既包含善的原则，又包含恶的原则。或者，它既不包含善的原则，又不包含恶的原则。斐罗的推论是，从自然规律的稳定性看，第一种选择不可能成立，因为自然规律很可能发生变化，而第一因却把善与恶设定为永恒的对立物。因此，他的结论是，第一因既非善，亦非恶。

简评斐罗与克里安提斯的对话

辩论接近尾声时，休谟让旁听者潘斐留斯宣布，克里安提斯的观点最合理。这个结论真的令人吃惊吗？经过研究休谟对其他问题的讨论，我们知道，休谟有时候听起来像一个怀疑主义者，有时候又像一个用实证方法来描述人性的自然主义者。对克里安提斯的支持，反映了休谟的自然主义特征。我们必然要为某种结果假设一种原因，而且我们必须根据经验来推断原因的本质，正如克里安提斯推断上帝的本质那样。如果克里安提斯试图证明他对神的信念，而神的特征却与我们所知道的任何事情截然相反（第美亚就持这种观点），那么，他的证明方法正是休谟警告我们应当避免的一种方法——这种方法认为，人们能就经验之外的一些对象提出有意义的论断。克里安提斯却是一个真正的经验主义者。当然，如果用正统的上帝观念来衡量，他的观点就会陷入困境。休谟的目的之一是告诉我们，根据经验主义原则，正统的上帝观念没有任何连贯性。

最后，潘斐留斯也认为，斐罗的怀疑主义观点不及克里安提斯的观点，却优于第美亚的理性主义立场。所以，对上帝的本质持怀疑态度，这种观点也值得借鉴。休谟所强调的，也许是克里安提斯无法自圆其说之处——他无法说明第一因的本质。我们必然会相信第一因，但是关于第一因的本质，我们说不出什么。理性证明，第一因与善恶无关，没有人格或道德方面的属性。因此，总的看来，休谟也许认为，相信第一因是有道理的。但是，无论其本质如何，第一因肯定不是传统信徒心目中的那个有人格的上帝。在休谟那个时代，许多受过教育的人都是自然神论者。他们所信仰的上帝，对世界万物不产生任何人格化的作用。在这些人当中，休谟很可能会觉得心情舒畅。他们当中的某些人，还是美利坚合众国的开国元勋。休谟和他们具有相似的政治立场。

来世如何呢？

关于来世的生存状态的讨论，是许多宗教教义的组成部分。在传统信念中，将来的生存状态与正义的分配息息相关。因为天意会保证，善将受到褒奖，恶将受到惩罚。在《人类理解研究》倒数第二章，休谟坚决反对的一种论点是，如果否定来世存在，必将威胁社会的和平与安全。但许多人坚持这种观点。休谟还指出，合理性并不要求我们必须相信完善的正义。

休谟要求他的论敌审查一下周围的世界，他们将在那里发现一个自然的赏罚体系：

　　　　我承认，在事物现在的秩序中，心灵的宁静更

多的是与善而不是与恶相伴，世人也更乐于接受善。

我从不权衡生活中的善与恶。可是，我知道，对

一颗善良的心来说，任何优势都出现在善的一边。

（EHU 140）

　　休谟明智地说，无论某人是否假设神的存在，无论神是否
以某种方式安排万物的秩序，人类仍然需要根据过去事件的经
验调整他们的行为。如果他们认识到善的行为比恶的行为更能
促进幸福生活，他们自然会服从这个信念的指引。

　　如果有人主张宇宙中肯定存在完善的分配性正义，根据这
种正义，每个人得到的奖赏与他的善完全相称，每个人得到的
惩罚与他的恶完全相称，那么，休谟就要问，这种假设的基础
是什么。

　　　　世界上存在分配性正义的标志吗？如果回答是

肯定的，我就会得出这样的结论：既然正义在这里

发挥作用，那么，正义已经实现了；如果回答是否

定的，我就会得出这样的结论：你没有任何理由，

把我们所说的正义归因于诸神。（EHU 141）

　　如果没有经验到某种原因，我们就必须保持沉默。因此，

即使神的正义从这个世界开始，在下一个世界实现，但我们对这个来世仍然一无所知。这里，休谟引用了他在《对话录》中连篇累牍地加以抨击的论点，即只是通过神的结果，人们才认识到神的存在。我们能够根据结果获得某些知识，超出这个范围的任何性质纯属虚构。关于上帝的正义，我们所能认识的就是我们在这里所发现的那种正义。

因此，从分配性正义出发来论证来世的生活，完全是臆测。在即将告别人世的时候，休谟说，他根本没有理由渴望更多的东西。他也许是第一个愿意承认自己错误的人，但是，一个明智的人总要使自己的信念与证据保持一致。

思 考 题

1．奇迹是否可信，关键在于证据。休谟的这个论点是否正确？

2．宇宙和有机体的哪些特征，可能会使人们认为前者类似于后者？

3．斐罗认为，上帝不善不恶，比上帝是善的或恶的这种说法更有道理。他是否为这种观点提出了有力的论证？

注释：

① "一篇对话"，EHU，324-343。

On Husserl ———————— 参考书目

Allenstreet, Richard. *The Whole Duty of Man*（《人的全部义务》）（London: printed by R.Norton for Robert Pawlet, 1677）.

Baier, Annette. *A Progress of Sentiments: Reflections on Hume's Treatise*(《情感的进步: 休谟〈人性论〉研究》)(Harvard University Press, 1991).

Birch, Thomas, ed. *The Works of the Honorable Robert Boyle*（《罗伯特·玻意耳文集》）, 6 vols.（London: 1672）.

Blackburn, Simmon. *Spreading the Word*（《传播语言》）（Oxford: Clarendon Press, 1980）.

Clarke, Samuel. *A Discourse of the Unchangeable Obligations of Natural Religion*（《论自然宗教的永恒不变的义务》）.1706.

Fieser, James.Introduction to "The Essays on Suicide and the Immortality of the Soul"（"'论自杀与灵魂不死'导读"）（1783 edition）, *The Writings of David Hume*（《休谟文集》），

ed.James Fieser（Internet Release，1995）.

Garrett，Don. *Cognition and Commitment in Hume's Philosophy*（《休谟哲学中的认识与义务》）（Oxford，1997）.

Grieg，J.Y.T.，ed. *The Letters of David Hume*（《休谟书信集》），2 vols，（Oxford，1932）.

Hume，David. "My Own Life"（"我的一生"），载 *Essays：Moral，Political and Literary*（《道德、政治与文学论文集》），ed.Eugene Miller（Indianapolis：Liberty Classics，1985）.

Hutcheson，Frances. *Essay on the Nature of the Passions and Affections*（《论情感和倾向的本质》），以及 *Illustrations on the Moral Sense*（《道德感诠释》），1728；*An Inquiry into the Original of our Ideas of Beauty and Virtue;In Two Treatises*（《美的观点与善的观念探源》），1725.

Locke，John. *Essay Concerning Human Understanding*（《人类理解研究》），1689.

Mackie，J.L. *Hume's Moral Theory*（《休谟的道德理论》）（London;Boston：Routledge & Kegan Paul，1980）.

Mossner，E.C. *The Life of David Hume*（《休谟的一生》），2nd ed.（Oxford：Clarendon Press，1980）.

Stroud，Barry. *Hume*（《休谟》）（London： Routledge & Kegan Paul，1977）.

Traiger，Saul. "Impressions，Fictions，and Ideas"（"印象，

虚构和观念"), 载 *Hume Studies*(《休谟研究》)13(Nov.1978): 381-399.

Wood, Paul. " ' The Fittest man in the Kingdom ' : Thomas Reid and the Glasgow Chair of Moral Philosophy"("英国最合适的人选: 托马斯·里德与格拉斯哥道德哲学教席"), *Hume Studies*(《休谟研究》)XXIII (November 1997): 277-313.

悦·读人生 |书|系|

生为人，成为人，阅读是最好的途径！

品味和感悟人生，当然需要自己行万里路，更重要的是，需要大量参阅他人的思想，由是，清华大学出版社编辑出版了这套"悦·读人生"书系。

阅读，当然应该是快乐的！在提到阅读的时候往往会说"以飨读者"，把阅读类比为与乡党饮酒，能不快哉！本套丛书定位为选取国内外知名学者的图书，范围主要是人文、哲学、艺术类。阅读此类图书的读者，大都不是为了"功利"，而是为了兴趣，希望读者在品读这套丛书的时候，不仅获取知识，还能收获愉悦！

"最伟大的思想家"

北大、人大、复旦、武大等校30位名师联名推荐，集学术性与普及性于一体，是不可多得的哲学畅销书

聆听音乐（第七版）

耶鲁大学公开课教材，全美百余所院校采用，风靡全球

大问题: 简明哲学导论（第十版）

全球畅销500万册的超级哲学入门书，有趣又好读

艺术：让人成为人

人文学通识（第10版）

被誉为"最伟大的人文学教科书"，教你"成为人"